AF409306

Meine Freunde auf der Brook Farm

John Van der Zee Sears

Writat

Diese Ausgabe erschien im Jahr 2024

ISBN: 9789359943817

Herausgegeben von
Writat
E-Mail: info@writat.com

Nach unseren Informationen ist dieses Buch gemeinfrei.
Dieses Buch ist eine Reproduktion eines wichtigen historischen Werkes. Alpha
Editions verwendet die beste Technologie, um historische Werke in der gleichen
Weise zu reproduzieren, wie sie erstmals veröffentlicht wurden, um ihre
ursprüngliche Natur zu bewahren. Alle sichtbaren Markierungen oder Zahlen
wurden absichtlich belassen, um ihre wahre Form zu bewahren.

Inhalt

KAPITEL I. DIE
ALTE KOLONIE

Im Mai 1624 segelte das holländische Paketschiff New Netherlands den Hudson River hinauf bis zur Spitze der Schifffahrtsroute. Mit dabei war eine Gruppe von 18 Familien unter der Führung von Adrian Joris . Die Einwanderer landeten an einem kleinen Handelsposten namens Beaverwick , der von einem gewissen Tice Oesterhout geführt wurde , einem Pionierjäger, der mit einer Mohawk-Squaw verheiratet war. Wenige Tage später wartete eine Gruppe Indianer, vermutlich Mohawk, auf die Neuankömmlinge und erkundigte sich höflich nach ihrem Grund, ohne Ankündigung oder Erlaubnis indianisches Land zu betreten. Tice Oesterhout und seine Frau fungierten als Dolmetscher. Joris antwortete, sie seien in Frieden gekommen und hofften, in Frieden und freundschaftlich mit den Indianern leben zu können. Ihm wurde gesagt, er und sein Volk seien willkommen, wenn sie der universellen Friedensunion der Irokesen beitraten, und nicht anders. Diesem Vorschlag stimmten die Siedler per Akklamation zu. Zu gegebener Zeit nahm der Generalrat der Fünf Nationen die Kolonie als Mitglied der Irokesenföderation auf. Joris wurde als Zivilhäuptling der kleinen Gemeinde anerkannt, und da er Wallone war, wurde sein Volk zur Wallonischen Nation der Großen Friedensallianz. Der Große Frieden war der Vertrag, der die Grundlage der Irokesenföderation bildete. Anstatt einen Vertrag mit den Indianern zu schließen, traten die Kolonisten einem bereits bestehenden bei und sicherten sich so Sicherheit und ein praktisches Monopol des Pelzhandels am oberen Hudson. Sie schickten dem Irokesen-Generalrat jährliche Geschenke, die zweifellos als Tribut in Anerkennung der Souveränität empfangen wurden, aber die Wallonische Nation schien sich nicht sehr um das Souveränitätsgeschäft zu kümmern, solange der Pelzhandel weiterhin florierte, wie es im nächsten halben Jahrhundert der Fall war.

Die etwa 80 Wallonen stellten keine besonders beeindruckende Nation dar, doch die Männer wurden durch die Frauen verstärkt, die nicht nur in lokalen Angelegenheiten, sondern auch im Generalrat der Föderation eine gleichberechtigte Stimme hatten.

Die Siedler bauten ihre Häuser am Indianerpfad, der nach Westen führte und dem sie den Namen Beaver Street gaben – ihren großen Boulevard, der zwei oder drei Plätze lang gewesen sein muss. Beaver Street war die Hauptverkehrsstraße der Wallonen und das Zentrum der „Alten Kolonie ", wie das niederländische Viertel später genannt wurde. Unter englischer Herrschaft wurde die „Alte Kolonie " oder Beaverwick mit Fort Orange und

Rensselaerwick zusammengelegt und erhielt zusammen den Namen Albany zu Ehren des Herzogs von York, da Albany einer seiner Titel war.

Die Holländer der „Alten Kolonie " waren mit der Vorherrschaft der Engländer nicht zufrieden. Sie befolgten die Gesetze und die eingesetzten Behörden, behielten jedoch ihre Autonomie so weit wie möglich bei, hielten sich von ihren englischen Nachbarn fern und behielten Generation für Generation ihre eigene Sprache, ihre eigenen Sitten und Bräuche sowie ihre eigenen Lebensgewohnheiten bei. Als die „Alte Kolonie " ihre Grenzen erweiterte und neue Elemente zu ihrer Bevölkerung hinzukamen, veränderten sich diese niederländischen Merkmale allmählich und verschwanden schließlich ganz, aber sie widerstanden modernen Einflüssen viele Jahre lang, und noch Mitte des 19. Jahrhunderts waren unter den Menschen der „Alten Kolonie " Hinweise auf niederländische Abstammung zu erkennen .

Das Haus meines Vaters, in dem ich geboren wurde, stand auf der Südseite der Beaver Street neben dem der Ostranders , wo der letzte wallonische Zivilhäuptling gelebt haben soll. Als Kind hörte ich auf der Straße, in den Geschäften und auf dem Markt Niederländisch. Wir sprachen mehr oder weniger Niederländisch zu Hause und keine andere Sprache auf der Farm meines Großvaters. Die Familie Sears kam von Cape Cod, aber meine Mutter war eine Van Der Zee, und obwohl die erste Van Der Zee 1642 aus Holland kam, war die Familie 1842, zwei Jahrhunderte später, genauso niederländisch wie immer. Mutter lernte in der Schule Englisch, sprach es aber bis nach ihrer Heirat sehr wenig und trällerte ihren Kindern dann Kinderreime auf Niederländisch vor: „Trip a trop a tronches ", „Wat zegt Mynhur Papa" usw.

Der Laden meines Vaters war „auf dem Pier", was so viel heißt wie, dass er Mehlhändler war. Der Pier war eine Art Schott zwischen dem Kanalbecken und dem Fluss und bestand aus einer einzigen Reihe von Gebäuden, die alle Mehllager beherbergten. Das Genesee Valley war in der ersten Hälfte des 19. Jahrhunderts ein berühmtes Weizenanbaugebiet, und das Getreide wurde in Rochester gemahlen und über den Eriekanal nach Albany verschifft, dem Empfangs- und Vertriebszentrum des Handels. Mein Vater unternahm Geschäftsreisen nach New York und manchmal bis nach Boston im Osten, was damals eine lange Reise war. Normalerweise plante er, im Frühjahr „den Fluss hinunter" zu fahren , da er neben seinen eigenen Angelegenheiten auch Aufträge als Delegierter für einen oder mehrere der Maikonvente zu erfüllen hatte.

Die Maikonvente waren jährliche Zusammenkünfte religiöser Körperschaften, philanthropischer Organisationen, Reformvereine, literarischer Vereine, Bildungsvereine und allerlei Vereine zur Verbesserung der menschlichen Rasse im Allgemeinen und des amerikanischen Volkes im Besonderen. Das jährliche Treffen der Freunde, die Konferenz der amerikanischen Anti-Sklaverei-Gesellschaften, die Grahamiten oder Vegetarier, die Mäßigkeitsbefürworter und andere Verfechter wohltätiger, wohlwollender und utopischer Ideale versammelten sich bei diesen Gelegenheiten und machten mit viel Beredsamkeit auch dem einfachsten Verständnis klar, dass die allgemeine Annahme der von jedem besonders vertretenen Prinzipien alles Böse in der Welt beseitigen und eine Rückkehr des Goldenen Zeitalters herbeiführen würde.

Meine Mutter nahm nicht immer an den Maikonventen teil, aber wann immer sie hinging, nahm sie eines von uns Kindern mit. Meinen ersten Besuch in New York machte ich als unqualifiziertes Mitglied der Delegation aus Albany zu irgendeinem, ich habe vergessen, was. Eines jedoch vergesse ich nicht, nämlich wie ich Horace Greeley eine Rede halten hörte und danach vor Stolz aufblühte, als der Redner beim Abendessen in unserem Hotel in der Barclay Street vertraulich mit seinem kleinen Verehrer plauderte.

Catholina Van Olinda überlassen, die zusammen mit meiner älteren Schwester Althea das Haus führte, während ich für die Zeit auf die Farm meines Großvaters geschickt wurde. Ich fühlte mich auf der Farm sehr wohl und verbrachte dort viele glückliche Tage in meiner frühen Kindheit. Die Hauptpersonen dort, nämlich mein Großvater , John Van Der Zee der Ältere, sowie Tone und Cleo, betrachteten mich als eine Art Thronfolger. Die Letztgenannten, Antony und Cleopatra, um genau zu sein, waren alte Neger, die auf der Farm geboren und aufgewachsen waren und sie in ihrem ganzen langen Leben kaum verließen. Sie waren Sklaven, insofern sie es verachteten, emanzipiert zu werden, und „freie Nigger", auf die sie mit Verachtung herabblickten. Sie gehörten zum Van Der Zee-Anwesen und das Anwesen gehörte ihnen, und zu niemandem oder keinem Anwesen zu gehören, war ihrer Auffassung nach so, als wäre man ein obdachloser und heimatloser Bettler. Da ich John Van Zee der Jüngere war, ihrer Genealogie zufolge der natürliche Nachfolger von Baas Hans, versicherten sie mir ihre höchste Hochachtung. Mein Vater, Charles Sears, war kein Nachkomme, da er Engländer oder mit anderen Worten Ausländer war. Sie tolerierten ihn, zum Teil, weil er mit ihnen Niederländisch sprach, die einzige Sprache, die sie kannten oder die ihnen etwas bedeutete, und zum Teil, weil er schließlich durch Heirat ein Familienmitglied war. Da er bei Besuchen auf der Farm immer ein Buch mitbrachte, stellten sie sicher, dass er ein Drukker war – das heißt ein Drucker oder Buchhändler oder etwas in dieser eitlen und frivolen Art. Cleo erreichte ein hohes Alter und überschritt die Hundertmarke. In ihren späteren Jahren erbte sie meine Mutter, und so kam es merkwürdigerweise dazu, dass mein Vater offen seine Antisklaverei-

Gesinnung bekannte, meine Mutter jedoch eine Sklavenhalterin war, vermutlich eine der letzten dieser Klasse im Staat New York.

Einer unserer Nachbarn in der Old Colonie war Thurlow Weed, der Chef der Whig-Partei im Empire State und Gründer, Eigentümer und Herausgeber des *Albany Evening Journal* , einer der einflussreichsten Zeitungen des Landes. Vater war mit Mr. Weed nahezu intim befreundet, und dies brachte ihn in Kontakt mit Horace Greeley. Obwohl Vater nie Politiker war, interessierte er sich für Parteiangelegenheiten und stand in ständigem Kontakt mit den Old Line Whigs der Gefolgschaft von Henry Clay, und ich habe den Eindruck, dass die Beratungen der politischen Firma Seward, Weed und Greeley manchmal in Vaters Bibliothek stattfanden. Als er „Log Cabin" herausgab, die Parteizeitung im ersten Harrison-Wahlkampf, war Mr. Greeley oft Gast in unserem Haus, und in dieser Zeit schloss er und Vater eine herzliche Freundschaft, die für den Rest ihres Lebens anhielt.

Nachdem ich Herrn Weed als den Boss der Whig-Partei im Staat New York bezeichnet habe, halte ich es im Angedenken eines ehrenwerten Mannes für angebracht, meine Überzeugung zum Ausdruck zu bringen, dass er nie auch nur einen Dollar mit Politik verdient hat. Er hat viel für die Förderung seiner politischen Ideen getan und viel Geld ausgegeben, aber nie einen Penny dafür erhalten. Er war in der Tat ein Boss, der die Parteiangelegenheiten mit der starken Hand eines Diktators leitete, aber er suchte keinen Profit und erlangte keinen, nicht einmal den Dank derer, denen er diente. Statt sein Vermögen zu verbessern, bedeuteten seine öffentlichen Aktivitäten ständige Belastungen für seine Privatkasse. Nicht nur Parteifreunde, sondern auch Parteifeinde baten Thurlow Weed in Notfällen um Hilfe, wohl wissend, dass seine Hände offen und seine Lippen geschlossen sein würden. Sie waren geschlossen, aber es war in der alten Kolonie allgemein bekannt , dass die vielen zwielichtigen und bedürftigen Bewerber, die an seine Tür kamen, sein Einkommen erheblich beeinträchtigt haben mussten.

Ein bemerkenswerter Fall war der eines Kneipenbesitzers, eines Whig-Politikers im kleinen Maßstab, der angeblich die „Kanalwahl" kontrollieren sollte, das heißt die Wahl der schwimmenden Bevölkerung im Kanalbecken, unter denen sich auch Bootsführer befanden, die gegen Bezahlung bereit waren, ihre Stimme in beide Richtungen abzugeben. Mr. Weed war mit diesem Mann und seinen Methoden nicht einverstanden, und der Kerl ging mit Sack und Pack zu den Locofocos . Er hegte einen hässlichen Groll gegen den Whig-Boss und ließ seiner Bosheit in Lügen, Verleumdungen und Diffamierungen der übelsten Art freien Lauf. Jahrelang machte er so viel Ärger wie möglich, aber da er ein Trinker war, ging es mit ihm in der Zwischenzeit bergab, hinterhältig, aber ohne Halt. Als er ganz unten angekommen war, kam er in völliger Armut zu Mr. Weed und bat um Hilfe – und er bekam sie. Mehr noch, nach seinem Tod wurden seine Kinder unterstützt, bis sie für sich selbst sorgen konnten, und die Kosten wurden, wie wir nicht umhin konnten zu wissen, von unserem Nachbarn in der Beaver Street getragen.

Eine letzte Erinnerung an Mr. Weed bleibt in meinem Gedächtnis haften, zur Schande derer, die eigentlich seine dankbaren Freunde hätten sein sollen. Das letzte Mal, als ich ihn besuchte, lebte er mit seiner Tochter in New York, ich glaube in der Broome Street. Als ich ihn begrüßte, bemerkte ich, dass er durch eine gewisse Verärgerung sehr beunruhigt war, die er weder verbergen noch mit seiner altmodischen Heiterkeit abschütteln konnte.

Seine Aufregung war so offensichtlich und so ungewöhnlich, dass ich es wagte, nach dem Problem zu fragen, das sein heiteres Gemüt so reizte. Als Antwort nahm er eine Ausgabe einer bedeutenden New Yorker Morgenzeitung zur Hand und zeigte auf einen Leitartikel, in dem er namentlich als „ein Veteran, der auf der Bühne überflüssig bleibt" bezeichnet wurde.

Das war der unfreundlichste Hieb von allen. Mr. Weed lebte zu dieser Zeit im Ruhestand, aber er schrieb noch immer lebhafte und aktuelle Artikel für die Leitartikel dieser Zeitschrift. Er war zutiefst verletzt durch die grundlose Beleidigung, der er so grob ausgesetzt war, aber alles, was er sagte, war: „Ich mag überflüssig sein, aber niemand kann ehrlich sagen, dass ich jemals ein Nachzügler war."

Ich glaube, die Leitung der Zeitung entschuldigte sich privat für die dumme Beleidigung, schrieb den Leitartikel einem der Junioren zu und bedauerte, dass er versehentlich gedruckt worden war. Trotzdem schrieb Thurlow Weed nie wieder einen Leitartikel, denn dieser unglückliche Vorfall beendete die Arbeit einer langen und mühsamen journalistischen Karriere.

Gegenüber von Mr. Weeds Wohnsitz in der Old Colonie stand das Van Antwerp-Haus, das in Eisenfiguren auf der Spitze des Giebels, der zur Straße hinausging, die Jahreszahl 1640 trug. Es war aus gelbem Backstein gebaut – oder zumindest war die Giebelfront so gebaut – und die Legende der Van Antwerp besagte, dass diese Ziegel aus Antwerpen importiert wurden, der Heimatstadt ihrer Familie. Die letzte Nachfahrin war Juferouw Cornelia Van Antwerp, die im Keller ihres Hauses eine kleine Schule unterhielt, da das Familienvermögen so sehr geschrumpft war, dass dieses Haus so ziemlich das einzige Eigentum war, das den Juferouws noch blieb . In dieser Schule lernten meine Schwester Althea und ich die drei R und nicht viel mehr. Die alte holländische Jungfer war eine Dame, wohlerzogen, würdevoll und höflich, die einen hohen Platz in den erlesenen Kreisen der Gesellschaft der Old Colonie einnahm und trotz ihrer beschränkten Verhältnisse nicht weniger geschätzt wurde. Ihr Gang und ihre Unterhaltung waren zweifellos erbaulich, aber der Lehrplan ihres schulischen Instituts ließ in den Bereichen der höheren Bildung möglicherweise zu wünschen übrig. Sie hatte jedoch eine Qualifikation, die für ihre Position erforderlich war: Sie war Expertin für die Herstellung und Reparatur von Federkielen. Sie verbrachte während der Schulzeit viel Zeit damit, diese Schreibgeräte zu formen, und ich nehme an, dass sie ihr schmales Einkommen aufbesserte, indem sie die Nachbarn mit Federn versorgte.

Die öffentlichen Schulen galten damals als öffentliche Wohlfahrtseinrichtungen und wurden nicht von Kindern besucht, deren Eltern oder Erziehungsberechtigte sich Privatunterricht leisten konnten, der, ob besser oder schlechter, jedenfalls nicht auf Armut hindeutete. So kam es, dass Vater, als er von einer seiner Reisen nach Osten zurückkehrte, die Idee mit nach Hause brachte, Althea und mich auf die Brook Farm zu schicken.

KAPITEL II.
FREUND GREELEY

Als Mr. Greeley zum ersten Mal zu uns nach Hause kam, war ich von seinem Aussehen nicht sehr beeindruckt. Er war groß und kräftig gebaut, mit breiten, etwas nach vorne gebeugten Schultern, einem glatten Gesicht, heller Haut und sehr hellem, ziemlich langem Haar. Er war kurzsichtig und hatte wie andere Kurzsichtige die Angewohnheit, beim Gehen nach vorne zu blicken, was ihm zusammen mit seinem schweren, taumelnden Gang eine sehr unbeholfene, ländliche Haltung verlieh. Später bemerkte er in meiner Gegenwart: „Ich habe das Gehen in den Furchen einer Farm in New Hampshire gelernt und der klebrige Lehm ist seitdem an meinen Füßen kleben geblieben."

Seine Stimme war dünn und hoch, eine leise Stimme für einen so großen Mann, wie wir fanden, und er hatte eine abrupte Art, die Aufmerksamkeit abzuwenden, was uns ziemlich beunruhigte, bis wir uns daran gewöhnt hatten. Seine Taschen quollen über vor Zeitungen und Notizen, die in einer seltsam undeutlichen Handschrift gekritzelt waren, die ich später nur schwer lesen lernte, obwohl sie deutlich genug war, als ich die Bedeutung der seltsamen Hieroglyphen, die für Briefe gedacht waren, einmal vollständig verstanden hatte. Während seiner kurzen Besuche war er mit Geschäften beschäftigt, fand aber Zeit, sich mit den Jugendlichen der Familie anzufreunden, und wir lernten, ihn mit echter Freude willkommen zu heißen. Meine Mutter bemerkte, dass wir ihn zum Lächeln brachten, und das trug viel dazu bei, Vertrautheit herzustellen. Horace Greeleys seltenes Lächeln offenbarte Schönheit des Charakters und jene Nächstenliebe, die der heilige Paulus als größer als Glaube oder Hoffnung lobte; ein Lächeln, das beinahe engelhafter war, als wir es in dieser banalen Umgebung oft sehen.

Seine Kleidungsspezifitäten wurden, glaube ich, durch allgemeine Gerüchte stark übertrieben. Er wollte seine Kleidung groß und bequem haben und trug sie lange und etwas nachlässig, aber das lag daran, dass er andere Dinge im Kopf hatte und nicht im Geringsten daran, dass er sich auf seine Eigenartigkeit konzentrierte. Ich war als Junge und als junger Mann viel mit ihm zusammen und ich bin sicher, dass er die Wahrheit gesagt hat, als er auf einen freundlichen Ratschlag zu diesen Themen antwortete: „Ich kaufe guten Stoff, gehe zu einem guten Schneider und zahle einen guten Preis, und das ist alles, was ich tun kann."

Die beliebte Redewendung über Greeleys alten weißen Mantel hatte tatsächlich eine gewisse Grundlage, aber nicht viel. Als ich ihn zum ersten Mal sah, trug er einen leichten, einfarbigen Mantel mit großen, auf beiden Seiten ausgebreiteten Taschen. Da er ihm passte, trug er ihn noch viele Jahre später, und als er ziemlich abgenutzt war, ließ er sich einen neuen anfertigen, der genau so aussah und den er noch viele Jahre lang trug. Ich bezweifle, dass er jemals mehr als zwei dieser berühmten Kleidungsstücke besaß, aber es stimmt, dass diese beiden, von denen immer angenommen wurde, dass es sich um denselben alten weißen Mantel handelte, im ganzen Norden des Landes bekannt waren. Noch während des ersten Präsidentschaftswahlkampfs von Grant bat ihn Elder Evans, als er ihn einlud, eine Ansprache vor der Shaker-Gemeinde in Harvard, Mass., zu halten, er solle doch bitte „den alten weißen Mantel mitbringen, damit unsere Leute sicher wissen, dass Sie es sind."

Möglicherweise gab es einen kleinen Groll gegen diese Art der Bevormundung, der sich darin äußerte, dass man den alten weißen Kittel mit den schiefen Ärmeln und dem umgeschlagenen Kragen weiterzog, doch ich bin überzeugt, dass sich Mr. Greeley in der Regel kaum Gedanken darüber machte, was er anziehen würde.

Horace Greeley hatte nicht die geringste Chance, die feineren Eigenschaften seines Wesens zu entwickeln – und das wusste er. Er war ein großartiger Arbeiter, und als aggressiver Redakteur, ehrgeiziger Politiker und leidenschaftlicher Reformer, angetrieben wie eine Dampfmaschine, konnte er den Schlägen und Pfeilen des unverschämten Schicksals wenig Beachtung schenken, aber als Mädchen reagierte er empfindlich auf Zurückweisungen, die ihm in Erinnerung riefen, was hätte sein können. Unter Freunden, bei denen er sich zu Hause fühlte und in wirklich angenehmer Gesellschaft, war er ein anderes Wesen als der hart zuschlagende Kämpfer und exzentrische Philosoph, den die Öffentlichkeit kannte. Bei uns zu Hause war er mit den Kindern wie ein Kind, freundlich und gesellig wie ein älterer Bruder. Im Haus der Carey-Schwestern, wo ich ihn Jahre später sah, war er glücklich und unbeschwert. Phoebe und Alice Carey, Dichterinnen und Essayistinnen, veranstalteten sonntagabends Zusammenkünfte in ihrem Haus in New York, wo die erlesenen Geister der literarischen Welt sich nach ihrer Art unterhielten, wie bei den Versammlungen in den Pariser Salons des 18. Jahrhunderts. In dieser Gesellschaft war Mr. Greeley in Höchstform, lebhaft, witzig und bezaubernd umgänglich. Er erkannte nur zu gut, dass sein Bestes in dem Streit vergeudet wurde, der sein täglicher Anteil war und der in der verheerenden Niederlage endete, die ihn das Leben kostete. Die Ausbrüche von erregtem Egoismus, die manchmal in glühenden Worten aufflammten, waren nur Zeichen von Ungeduld und Bedauern darüber, dass ihm die Gelegenheit genommen worden war, die Annehmlichkeiten und Reize des Lebens zu kultivieren und die Kontrolle über die höheren Kräfte zu erlangen, die er bewusst besaß. Jeder , der sich heute die Mühe macht, seine späteren Schriften, seine Hommagen an alte Freunde und seine Essays wie den über „Würdevoll alt werden" zu lesen, wird erkennen, dass Horace Greeley die Seele eines Dichters hatte.

Durch seine Bekanntschaft mit Thurlow Weed lernte mein Vater Mr. Greeley kennen und durch Mr. Greeley lernte er Dr. George Ripley und den Kreis von Bostoner Literaten kennen, dessen Mittelpunkt er bildete. Boston war damals keine Literaturstadt. Wenn es in Amerika einen Mittelpunkt der Literatur gab, dann war er Philadelphia, denn in der Stadt auf den drei Hügeln gab es nur sehr wenige sichtbare Hinweise auf literarische Aktivität; keinen Old Corner Book Store, keinen Verlag wie Ticknor and Fields, keinen *Scarlet Letter*, kein *Atlantic Monthly* und kein *Evening Transcript*, später eine der literarisch besten Zeitungen, die dieses Land je hatte. Es gab jedoch zur erwähnten Zeit, etwa 1840, einen Zirkel brillanter Intellektueller in Boston und Cambridge, von denen viele später eine gewisse Bekanntheit in der Literaturwelt erlangten.

Dies waren junge Männer und Frauen von hoher Kultur, liberaler Meinung und beseelt von einem neuen Zeitgeist, der sich in diesem Land erstmals in ihrer Mitte manifestierte. Zu dieser Zeit überschwemmte eine Welle des Interesses an dem, was damals als Sozialreform bekannt war, Frankreich und Deutschland und erreichte unsere Küsten in der Massachusetts Bay. Sie breitete sich schließlich im gesamten Norden und Nordwesten aus und brachte Tausenden intelligenter Amerikaner neue soziale und politische Ideen. Diese neuen Ideen wurden bei den oben erwähnten Treffen der denkenden jungen Leute diskutiert, bei denen sie auch andere wichtige Debatten über philosophische, poetische, pädagogische usw. Themen führten. Schließlich gründeten sie eine Zeitschrift als ihr Organ namens *The Dial* , eine Publikation, die durch den bewundernswerten literarischen Stil ihrer Artikel sowie durch ihre Originalität und ihr großes Interesse sofort große Aufmerksamkeit erregte. *The Dial* hatte den Effekt, der Gruppe der Herausgeber, Mitarbeiter und anderer an seiner Publikation Interessierter einen größeren Zusammenhalt zu verleihen, und diese wurden der Welt bald als die Transzendentalisten bekannt; ein Wort, das aus dem Deutschen entlehnt und für den allgemeinen Gebrauch in unserem geschäftigen Land etwas zu gewaltig ist.

Ob sie nun durch ihren schwerfälligen Titel zu schwerfällig waren oder ob sie eine künstliche, für gewöhnliche Sterbliche zu ätherische Atmosphäre schufen, die erste Generation der Transzendentalisten war zugleich die letzte. Sie blieben keine Nachfolger, und *The Dial* als ihr Organ hatte nur eine kurze Lebensdauer. Zweifellos übte es zu seiner Zeit einen erheblichen Einfluss aus, und einzelne Mitglieder der lange so genannten Bruderschaft haben viel dazu beigetragen, das Denken des amerikanischen Volkes in späteren Jahren zu prägen . Zu diesen zählten Ralph Waldo Emerson, Bronson Alcott, George William Curtis, Francis George Shaw, Übersetzer von Eugene Sue und George Sand und Vater von Colonel Robert Shaw, Margaret Fuller, Theodore Parker, Dr. Howe und seine Verlobte Julia Ward, Charles A. Dana, John S. Dwight und vielleicht zwanzig andere kluge Geister. Gelegentliche Teilnehmer ihrer Versammlungen und Beiträger zu *The Dial* waren Horace Greeley, William Page, der spätere Präsident der National Academy of Design, Thomas Wentworth Higginson und mein Vater Charles Sears. Ihr anerkannter Anführer war Reverend George Ripley, der Gründer von Brook Farm.

Ich weiß über diesen Transzendentalismus der alten Schule nicht mehr als über den Pragmatismus unserer Tage, und das ist nicht viel. Ich glaube, die beiden Denkschulen waren sich in diesem Punkt ähnlich: Sie waren beide der Ansicht, dass die moderne Zivilisation in ihrem Streben nach Reichtum traurig und schlimm vom rechten Weg abgekommen ist. Nicht Geld, sondern die Liebe zum Geld ist heute wie immer die Wurzel allen Übels. Die erste Aufgabe der Macher Amerikas war zwangsläufig die Schaffung von Eigentum, die Anhäufung der Lebensgrundlagen, aber wir haben dieses Streben zu weit getrieben, sind geldsüchtig geworden und wissen nicht, wann wir aufhören sollten, reich zu werden, und unsere Zeit und Aufmerksamkeit höheren Dingen widmen sollten.

Es gibt noch eine weitere bedeutsame Sache, die erwähnt werden muss, nämlich dass führende Transzendentalisten Gelehrte und Universitätsstudenten waren und führende Pragmatiker heute sind. Es stimmt, dass Amerika in den 40er Jahren keine Universitätsstudenten hervorbrachte, und man könnte vielleicht besser sagen, dass die Transzendentalisten Universitätsstudenten waren, aber da einige von ihnen in Deutschland ausgebildet wurden, kann diese Konnotation bestehen bleiben. Von diesen gelehrten Studenten wurde gesagt, dass sie bei ihren Treffen Dante im italienischen Original, Hegel im deutschen Original, Swedenborg im lateinischen Original, eine Sprache, die der schwedische Seher immer verwendete, Charles Fourier im französischen Original und, vielleicht die schwierigste Aufgabe von allen, Margaret Fuller im englischen Original lasen. Margaret war ein geehrtes Mitglied der illustren Gesellschaft und wurde hoch geschätzt; aber ihre Schriften sind sehr schwer zu lesen. Ich kann James Russell Lowells Urteil in seiner „Fabel für Kritiker" durchaus verstehen, in der er einen gewissen literarischen Verbrecher zu einer schweren Strafe verurteilt und ihn zu 30 Tagen Zwangsarbeit verurteilt, während er die Werke von Margaret Fuller liest.

Wie bereits erwähnt, kam mein Vater nach einem seiner Besuche in Boston mit dem Vorschlag nach Hause, Althea und mich auf die Brook Farm zu schicken. Die Idee stieß auf der holländischen Seite des Hauses, die nach Kräften meine Seite war, auf großen Widerstand, aber ich nehme an, mein Vater war der Meinung, es sei an der Zeit, etwas von der Provinzialität der alten Kolonien loszuwerden. Durch seine Bekanntschaft mit Thurlow Weed lernte er Mr. Greeley kennen, und durch Mr. Greeley lernte er Dr. Ripley und die Transzendentalisten kennen, wodurch er nebenbei breitere Ansichten und ein breiteres Spektrum an Ideen erlangte als jene, die zweihundert Jahre lang in der Beaver Street vorherrschten. So, nehme ich an, war der Ablauf der Ereignisse, nicht wie ihn ein kleiner Junge bemerkte, sondern wie er sich das teilweise vorstellte und später teilweise erdachte. Teilweise eingebildet ist auch die Annahme, dass mein Vater von den philosophischen Idealen seiner Bostoner Freunde angezogen wurde . Ein müder Geschäftsmann könnte von der transzendentalen Lehre beeindruckt sein, dass unsere Zivilisation einen Fehler gemacht hat, indem sie alle menschliche Energie in das einzige Streben, nämlich das Erlangen von Reichtum, steckt. Sie waren der Ansicht, dass harte Arbeit zwar selten jemandem schadet, die monotone Mühle in den Geldmühlen jedoch zu einer gehemmten Entwicklung führt. Arbeiten Sie so hart Sie wollen, verwenden Sie all Ihre Energie, all Ihr Talent, all Ihre Fähigkeiten, aber nicht für das Streben nach Reichtum. Das ist nicht lohnenswert und verhindert, dass Sie das tun, was lohnenswert ist . Geben Sie Ihr Bestes in der Welt; geben Sie alles, was Sie können, aber stellen Sie sicher, dass Sie eine angemessene Gegenleistung erhalten, nicht in Geld, sondern in besseren Dingen. Streben Sie nach Bildung, nach Wissen, nach Charakter, nach Freundschaft, gutem Willen, guter Gesundheit, gutem Gewissen, und der Friede, der alles Verstehen übersteigt , wird Ihnen zuteil werden. Seien Sie mit einem kleinen Teil des Reichtums dieser Welt zufrieden und gieren Sie nicht nach kostspieligem Luxus, um damit zu protzen. Gehen Sie zu diesem Zweck aufs Land; bauen Sie so viel wie möglich mit Ihren eigenen Händen auf, was Sie brauchen, und genug mehr, um es gegen Dinge einzutauschen, die Sie nicht selbst herstellen können. Geben Sie die Welt, das Fleisch und den Teufel auf, kehren Sie zur Erde zurück und finden Sie den Garten Eden.

Mein Vater nahm diese Lehren in gutem Glauben an und legte sein Zeugnis mit denen ab, die die neue Philosophie in *The Dial* und durch andere Agenturen verbreiteten. Seine Verpflichtungen gegenüber anderen waren so groß, dass er sich damals nicht davon lösen konnte, um diese neuen Ideen in einem tatsächlichen Experiment zu testen, aber zweifellos hielt er es für klug und gut, seine Kinder frühzeitig in das neue Leben einzuführen, das die Welt erneuern sollte.

Dr. Ripley war, wie gesagt, der Anführer der Transzendentalen Clique und er besaß all die belebende Begeisterung, die ein Anführer unbedingt besitzen muss. Er war ein kräftig gebauter Mann mittlerer Größe mit braunem Haar und Bart und den freundlichsten Augen der Welt. Er war ein unitarischer Geistlicher, ein Gelehrter, der sich mit der gesamten Gelehrsamkeit der Ägypter und aller anderen gelehrten Völker aller Zeiten und Länder auskannte, und ein Gentleman mit einem äußerst einnehmend höflichen Auftreten; seine guten Manieren ruhten zudem auf steinernem Fundament und konnten durch schlechte Kommunikation nicht verdorben werden. Ich sah ihn mehr als einmal in einer Notlage, die so hart war, dass sie die Geduld eines Heiligen auf die Probe stellte, und bemerkte mit überraschter Bewunderung, dass seine vollkommene Haltung nicht im Geringsten gestört wurde.

Es war Dr. Ripley, der den Mut seiner Überzeugungen hatte und mutig vorschlug, die Prinzipien, die er und seine transzendentalen Freunde in der Theorie vertraten, in die Praxis umzusetzen. „Wir reden gut", sagte er im Grunde, „warum versuchen wir nicht, das zu tun, was wir sagen?" Und das tat er. Mit einigen dieser gleichgesinnten Freunde ging er nach West Roxbury, sechs Meilen von Boston entfernt, und kaufte eine Farm von 200 Morgen. Da es sich um ungewöhnlich kluge Leute handelte, bemerkenswert intelligent, hochgebildet und, wie man sagen könnte, brillant aufgeklärt, gelang es ihnen, fast unglaublich, ein erbärmlich schlechtes Geschäft zu machen. Ich weiß nicht, wie viel sie für das Land bezahlten, aber wie hoch der Preis auch sein mochte, es war zu hoch. Das Anwesen war malerisch anzusehen, aber sein bestes Gras war Sauerampfer . Neben dem Bach, der dem Brook Farm seinen Namen gab, gab es ein ziemlich großes Stück Wiese mit einem abgerundeten Hügel namens Knoll, der sich im Norden steil erhob. Das Land erstreckte sich uneben, etwa eine Achtelmeile, auf höheres Gelände und fiel dann wieder ab zu einem ebenen Plateau, das mit Kiefernwäldern bedeckt war, hinter denen sich zwei oder drei Felder Ackerland befanden. Der Boden war dünn, sandig, wo er nicht steinig war, und steinig, wo er nicht sandig war. Es war in der Tat ein armer Ort und wurde schlecht bewirtschaftet, bis er so mager war wie Pharaos zweite Rinderherde . Es spricht für diese einfachen Philosophen, dass sie diese Wüste in vier Jahren so erblühen und erblühen ließen wie die Rose; sie legten die schönsten Gemüse- und Blumengärten in Roxbury an, pflanzten Obstgärten und Weinberge und legten Weideland für eine lukrative Molkerei an.

Wenn die Hobbybauern auch bestürzt waren, als sie feststellten, wie hart sie auf diesem verarmten Landgut hacken mussten, so beklagten sie sich, soweit ich gehört habe, nie, sondern machten sich entschlossen an die Arbeit, die sie zu tun hatten. Sie kamen, um ein gewisses soziales Experiment zu versuchen; ein Experiment, ein besseres Leben zu führen als das ihrer Zeit und Generation, beruhend auf dem Glauben, dass ein solches Leben hier und jetzt ebenso gelebt werden kann wie bisher im legendären „Goldenen Zeitalter" der Vergangenheit oder im Jenseits in der „kommenden guten Zeit" der Zukunft. Ihr einziges Ziel war es, in Einigkeit „nahe am Herzen der Natur" zusammenzuleben, ein Satz, der Margaret Fuller zugeschrieben wird. Alle anderen Überlegungen, ob Härte, schlechte Anfänge oder Enttäuschungen, waren nur zweitrangig, wenn es ihnen gelang, die Durchführbarkeit ihrer hohen Ideale zu demonstrieren.

Vielleicht ist es für die heutige Generation nicht von großem Interesse, aber uns schien es immer so, als ob diese Brook Farmers es verdient hätten, in guter Erinnerung zu bleiben. Sie waren keine Märtyrer, sondern im Gegenteil eine ungewöhnlich fröhliche und glückliche Gesellschaft, aber sie gaben trotzdem das Beste ihres Lebens in den Dienst der Menschheit. Sie glaubten ehrlich und ernsthaft daran, dass sie die Praktikabilität ihrer Theorien zum Vorteil ihrer Mitmenschen beweisen könnten, und sie versuchten gewissenhaft, dieses Ziel zu erreichen. Wenn die Pilger von Plymouth Ehre für ihre selbstlose Hingabe an religiöse Reformen verdienen, warum sollten dann die Pioniere der sozialen Reformen von Brook Farm nicht die entsprechende Anerkennung erhalten? Es stimmt, dass sie die angestrebten

Ziele nicht sofort erreichten, aber das taten die Pilger auch nicht; und das Ende ist noch nicht in Sicht.

Es sollte gesagt werden, dass sich nicht alle Transzendentalisten Dr. Ripley bei seinem utopischen Unterfangen anschlossen. Ralph Waldo Emerson zum Beispiel gehörte nicht zu uns. Tatsächlich gehörte er gar nicht zu uns. Als inspirierender Prediger erlangte er schon früh Ruhm als Redner auf der Kanzel der First Unitarian Church von Cambridge, Mass., aber selbst die liberale Gemeinschaft dieser freien Gemeinde war zu eng für seinen unabhängigen Geist, und er gab eine vielversprechende Karriere als Geistlicher auf, wie er sagte, „für den Frieden seiner Seele". *Sui generis* , um er selbst zu sein, musste er allein stehen, und allein stand er für den Rest seines Lebens.

Eine Strophe seines Gedichts „Das Problem" bringt zweifellos einige seiner Gefühle hinsichtlich der Religionszugehörigkeit zum Ausdruck:

„Ich mag eine Kirche, ich mag eine Kapuze ,
ich liebe einen Propheten der Seele, und in meinem Herzen fallen mir die
Klostergänge wie süße Melodien oder nachdenkliche Lächeln auf,
doch trotz allem, was er an Glauben sieht, möchte ich nicht dieser
vermummte Kirchenmann sein."

Von allen Besuchern, die Brook Farm besuchten, war Emerson meiner Meinung nach der willkommenste. Er war bei allen beliebt, von Dr. Ripley, unserem lieben Freund und Mitgeistlichen, bis hin zu Abby Mortons Kleinen. Seine aufmunternden Botschaften und weisen Worte wurden mit intelligenter Wertschätzung aufgenommen und geschätzt. Ich habe gehört, dass Emerson am besten war, wenn er abends im Hive einen Monolog hielt oder sonntags in einem förmlichen Gespräch im Wäldchen. Er war umgänglich und beteiligte sich mit offensichtlicher Freude am Leben des Ortes – fröhlich, aber nicht heiter. Er lächelte bereitwillig und äußerst charmant, lachte aber nie. Als junger Mann war er ein äußerst anziehender Mensch, heitere, liebevolle Güte erhellte sein anmutiges Gesicht! Meine Mutter, ebenfalls ein heiterer Geist, fand sein Gesicht das schönste, das sie je gesehen hatte; und sie war sich sicher, dass Lachen unanständig und störend wäre.

Emerson war manchmal gern bei uns, aber er wollte nie einer von uns sein. Zu Beginn schrieb ihm Dr. Ripley eine herzliche Einladung, der Vereinigung beizutreten, die einzige Einladung dieser Art, die er je ausgesprochen hat, glaube ich. Die Einladung wurde in einer Notiz abgelehnt, die Rev. OB Frothingham in seiner bewundernswerten Biographie von Dr. Ripley wie folgt zitiert:

„Es ist höchste Zeit, dass ich auf Ihren Vorschlag antworte, mich in Ihre neue Gemeinde zu wagen. Der Plan erscheint mir edel und großzügig, da er, wie ich deutlich sehe, nicht aus Heimlichkeit, Egoismus oder Ehrgeiz entsteht, sondern aus einem männlichen Herzen und Geist. So macht er alle Menschen zu seinen Freunden und Schuldnern. Eine Angelegenheit, die in freundlichem Geist behandelt und untersucht werden muss, was sie für uns bereithält.

„Ich habe beschlossen, mich nicht anzuschließen, allerdings sehr langsam und ich kann fast sagen, reumütig. Ich bin sehr erleichtert, zu erfahren, dass Ihre Koadjutanten jetzt so zahlreich sind, dass Sie dem Überlaufen einzelner Personen nicht mehr die Bedeutung beimessen, die Sie in Ihrem Brief an mich oder andere angedeutet haben – ich meine die schmerzhafte Macht, den Plan zu vereiteln."

KAPITEL III.
EIN FREMDER IN EINEM FREMDEN LAND

Rassenvorurteile wurden in der alten Kolonie als Tugend geschätzt und die echten, soliden holländischen Familien fanden es alles andere als ehrenhaft, dass die Kinder der Van Der Zees – wir hatten die Ehre, in der Beaver Street als Van Der Zees angesehen zu werden – auf eine englische Schule im weit entfernten Boston geschickt wurden. Massachusetts war für sie eine englische Kolonie und die Menschen dort waren Engländer, das heißt Ausländer, Fremde und nicht vertrauenswürdig. Als jedoch bekannt wurde, dass wir tatsächlich gehen würden und Mutter mit den aufwendigen Vorbereitungen begann, die für ein so gewaltiges Unterfangen als notwendig erachtet wurden, kamen freundliche Freunde herein und brachten Geschenke mit, die für den Anlass geeignet erschienen, gestrickte Fäustlinge und Schals, Kuchen und Torten, Äpfel und Apfelwein sowie erlesene Vorräte aus Keller und Speisekammer, genug, um ein Schiff für eine lange Kreuzfahrt auszustatten. Mein engster Freund , Gratz Van Rensselaer, gab mir sein Messer. Wie eng unsere Beziehungen waren, lässt sich daran erkennen, dass wir ein privates Signal hatten, einen eigenen, eigentümlichen Pfiff, mit dem wir uns gegenseitig riefen, wie es Jungen zu tun pflegen, wenn sie sich ganz eng verbunden fühlen. Um Mr. Peggotty zu zitieren : „Schöner kann man das nicht sagen, oder?"

Als Gratz in seine Taschen griff und mir in feierlichem Schweigen das Messer reichte, war mir völlig klar, dass er ein Opfer auf dem Altar der Freundschaft darbrachte. Jeder Kritiker dieses Schreibens wird berechtigterweise einwenden, dass ich die Idee wahrscheinlich nicht genau in diesen Worten formuliert habe, aber das ist trotzdem ungefähr der Umfang.

Ob mein Schulkamerad unseren Ruf später jemals benutzte, weiß ich nicht, da unsere Trennung endgültig war, aber ich für meinen Teil nahm ihn mit nach Brook Farm, wo meine neuen Kameraden ihn sofort übernahmen. Später übernahmen ihn die Älteren, und schließlich wurde er auf der ganzen Welt als „der Brook Farm-Ruf" bekannt. Er ging mit einem jungen Ehepaar in den frühen Fünfzigern nach Kalifornien; nach China mit einem unserer Jungen, der Kapitän eines Pazifikdampfers wurde; nach Spanien und nach Russland mit einem anderen im diplomatischen Dienst der Vereinigten Staaten; nach Italien mit zwei Mädchen, deren Vater Künstler war; auf die Philippinen mit Studenten, die nach Manila zurückkehrten, und in alle Gegenden, wohin die Brook Farmers ihren Weg fanden, wie sie ihn anscheinend immer in Erinnerung behalten haben.

Eine Besonderheit, die dabei geholfen haben könnte, sich das zu merken, war, dass es aus zwei Teilen bestand, der Aufforderung und der Antwort; der erste Teil unterschied sich leicht vom zweiten, um zu unterscheiden, dass der Freund dem Freund antwortete und der Fremde nur zufällig oder beiläufig gehörte Geräusche nachahmte. Was genau der Unterschied war, kann man aus der hier angegebenen Notation ersehen.

Eine weitere Besonderheit des Rufs war, dass er die Eigenschaft hatte, den Charakter der Person anzunehmen, die ihn ausstieß. Annie Page zum Beispiel war das Mädchen, das ich am meisten bewunderte, und als sie mir auf mein Signal „ ihre wahre Antwort gab ", klang ihr musikalischer kleiner Triller für mich wie die Stimme der Drossel, die unten im Kiefernwald sang. Dagegen gab es Frank Barlow, den wir „Crazy Barlow" nannten, weil er sich kopfüber auf jedes Objekt stürzte, das er ins Visier nahm, und er konnte den Ruf schrill und vibrierend wie eine Querpfeife machen.

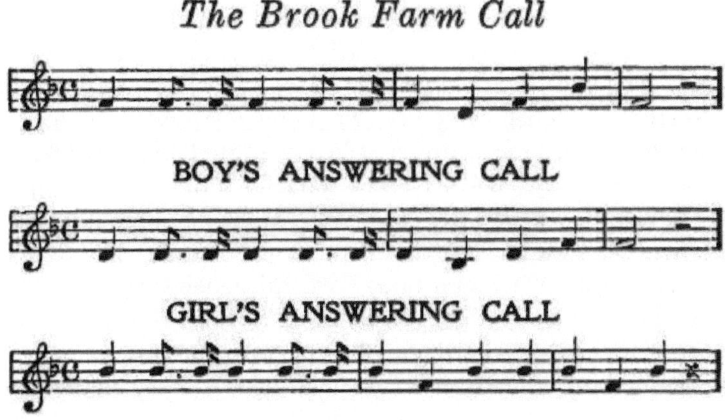

Ich traf Frank eines Morgens in den letzten Tagen des Bürgerkriegs, als er in seinem üblichen halsbrecherischen Tempo die Pennsylvania Avenue in Washington entlangschritt. Er war damals Generalmajor Barlow, einer der großen Generäle der Unionsarmee, aber er war in erster Linie, zuletzt und immer ein Brook Farmer, also gab ich ihm mit demselben alten Ruf ein Zeichen. Er blieb abrupt stehen, erwiderte meinen Gruß und rannte mit ausgestreckten Händen über die Avenue. Keiner von uns hatte mehr als ein wenig Zeit, aber wir konnten nichts weniger tun, als uns in ein geeignetes Lokal zu begeben, um ein gutes, herzliches Gespräch über die alten Zeiten in West Roxbury zu führen.

Seitdem habe ich noch andere Erfahrungen mit diesem Ruf gemacht, aber keines davon ist mir mit größerer Freude in Erinnerung geblieben. Heute gibt es nur wenige oder gar keine Antworten, egal wie ernsthaft ich den alten

Ruf ausspreche. Wie man oben sehen kann, ist die kleine Tonfolge sehr einfach, aber sie vermittelt meinem alten Ohr eine Weltbedeutung.

Wenn zwei kleine holländische Jungen in der alten Kolonie dieses denkwürdige Werk komponiert haben, dann haben sie es sicher besser gemacht, als sie wussten, aber ich vermute, sie müssen etwas Ähnliches gehört und die Geräusche wiederholt haben, ohne zu wissen, dass es sich bloß um Erinnerungen und nicht um eigene Erfindungen handelte. Die Bootsführer auf dem Eriekanal kündigten ihre Einfahrt in das Albany-Becken an, indem sie ein Horn bliesen, normalerweise ein Blechhorn, schrill und misstönend. Die Passagierschiffe jedoch, die „großartig in den Hafen einlaufen" mussten, ließen ein Horn erklingen, das manchmal wirklich laut klang. Es könnten diese Horntöne gewesen sein, deren süße Abfolge sich in das Unterbewusstsein junger Köpfe einprägte und die erste Anregung für den Ruf von Brook Farm lieferten.

Wie meine Leser mit mehr oder weniger Geduld feststellen werden, brauchen die Leute aus Neu-Niederlande eine Weile, um eine lange Reise anzutreten. Unsere Reise war tatsächlich lang, denn sie dauerte zwei Tage und eine Nacht. Laut Expressfahrplan dauert die Fahrt der Boston and Albany Railroad zwischen den beiden Städten vier Stunden. In den vierziger Jahren gab es jedoch keine Expressreisen, außer mit Passagierzügen auf dem oben erwähnten Eriekanal. Diese Schnelldampfer rasten mit einer Höchstgeschwindigkeit von vier Meilen pro Stunde dahin und machten nur an Schleusen oder Brücken Halt oder um die Pferde zu wechseln oder jemanden an Bord zu nehmen oder an Land gehen zu lassen. Wenn die Besuche meiner Mutter bei ihren Verwandten bis nach Schenectady reichten, unternahm sie die Reise in einem dieser Swiftsure- Liner, vielleicht der *Swallow* , der *Gleam* oder der *Alida* , normalerweise in Begleitung eines oder zweier von uns Kindern. Und bei schönem Wetter war es bestimmt eine sehr angenehme Reise. Auf dem Deck eines Kanalboots sanft durch die Landschaft zu gleiten, ist eine Fortbewegungsart, die es ermöglicht, die Landschaft mit viel Komfort und ständigen, wenn auch nicht zu schnellen Unterhaltungswechseln zu betrachten. Da das Boot so nah wie möglich am Ufer entlangfährt, kann ein kleiner Junge durch eine leichte Bewegung des Ruders durch einen hilfsbereiten Steuermann an Land gehen und einen kurzen Blick in die Schmiedewerkstatt des Kanals werfen oder ein Stück mit dem Jugendlichen gehen, der die Pferde lenkt, und dann wieder an Bord gehen, ohne zu viel Aufmerksamkeit zu erregen. Bei dieser gemächlichen Fahrt durch Städte und Dörfer und landwirtschaftliche Gegenden kann man so etwas wie eine echte Bekanntschaft mit Personen und Orten schließen, die man sonst nur auf einer Tour zu Fuß kennenlernen kann. Aus dem Austausch von Grüßen und Klatsch zwischen Paketpassagieren und Leuten am Kanalufer, die auf Papiere, Pakete oder Nachrichten warten oder einfach nur daran interessiert sind, das Swiftsure- Boot vorbeifahren zu sehen, sind in der Vergangenheit dauerhafte Freundschaften und sogar Liebesbeziehungen entstanden.

Die letzten Swiftsure- Boote sind vor langer, langer Zeit vorbeigefahren, und die späteren Generationen der Neuniederländer kennen die Freuden einer Kanalfahrt nicht. Glücklicherweise sind die Wasserstraßen in den alten Niederlanden noch immer ein Weg für Reisen und Verkehr. Die gelassenen Menschen der Niederlande, die nie in Eile sind, sind zufrieden damit, sich in gemäßigtem Tempo fortzubewegen, ohne sich über die Geschwindigkeit Gedanken zu machen, und genießen ihre Bequemlichkeit, während sie unterwegs sind. Die Amerikaner können in ihrem Land eine durchaus erwägenswerte Abwechslung finden, indem sie sich ein paar Tage von der üblichen Routine freinehmen und in das Leben dieser guten Leute eintauchen, weit genug, um ein oder zwei Fahrten in einem Treckschuyt auf den Kanälen zu unternehmen, die einen so wichtigen Bestandteil ihres Transportsystems bilden. Wenn man zum Beispiel in Antwerpen anlegt, könnte man nichts Besseres tun, als sofort eine Treckschuyt- Exkursion zu unternehmen, bevor die Blüte der Vorfreude durch die Reibung vieler Besichtigungen verwischt wird. Antwerpen liegt zwar in Belgien, ist aber einer der besten Ankunftshäfen nach einer Transatlantikreise, und von seinem überfüllten Hafen aus kann man fast jeden Punkt in den Niederlanden oder auch in alle vier Himmelsrichtungen erreichen. Von hier aus kann man mit dem Treckingbus nach Brügge fahren und nach Gent oder wohin auch immer, ganz nach Lust und Laune. Oder nehmen wir an, man macht einen Zwischenstopp in Den Haag – jeder fährt nach Den Haag –, dann kann man kurze Ausflüge nach Delft, Rotterdam und Dordricht mitten in Holland machen oder in die andere Richtung nach Leiden und weiter nach Amsterdam. Es ist jedoch nicht nötig, eine Reiseroute auszuarbeiten, da es bereits genug Reiseführer gibt. Alle Orte sind interessant und alle sind gut erreichbar. Man muss nur daran denken, mit dem Treckingbus von einem Ort zum anderen zu gelangen . Um sich zu amüsieren, muss der Reisende in der Lage sein, sich seiner Umgebung anzupassen. Er muss sich mit den Gepflogenheiten der Menschen abfinden, wie er sie vorfindet, und darf nicht erwarten, dass sie sich seinen Gepflogenheiten anpassen, wie es der Engländer bei den Pyramiden tat, der darauf bestand, dass seine Araber ihm Rindfleischsandwiches und Barsch zum Mittagessen geben sollten. Die Holländer sind höflich und gastfreundlich, aber sie haben ihre eigenen Vorstellungen, und an diese halten sie sich gegenüber allem Fremden und Seltsamen. Wenn der amerikanische Reisende eine Treckschuyt- Reise in der richtigen Einstellung unternehmen kann, kann er eine angenehme und wertvolle Erfahrung machen, und er wird für den hier gegebenen Vorschlag dankbar sein.

Es war ein kalter Tag im wahrsten Sinne des Wortes und für mich auch im übertragenen Sinn, als wir uns schließlich auf die Reise nach Boston machten. Wir überquerten den Hudson mit Van Alstynes Fähre, landeten in Bath und fanden auf die eine oder andere Weise unseren Weg nach Greenbush, der Endstation der Eisenbahn. Die Freunde versammelten sich, um uns zu verabschieden, und beobachteten uns besorgt am Ufer, bis wir Bath sicher erreichten, da der Fluss vereist war. Das Eis war etwa so dick wie Papier, aber es reichte aus, um im mütterlichen Herzen neue Ängste vor den Gefahren der gefürchteten Reise zu wecken.

Van Alstynes Fähre bestand aus einem von Pferdestärken angetriebenen Prahm, der an jedem Ende mit einer Klappplattform ausgestattet war, die, wenn sie bis zum Ufer heruntergelassen wurde, das Ein- und Aussteigen ermöglichte. Es war ein guter, großer Prahm, groß genug, um zwei Teams gleichzeitig zu transportieren, wenn man beim Ein- und Aussteigen über die schwingende Plattform vorsichtig war. Gesteuert wurde er mit einem großen Ruder in den kompetenten Händen von Myndert Van Alstyne , der das Schiff steuerte, während sein Bruder Wynant die Fahrgäste einsammelte und die Maschinerie mit Hilfe eines Hickory-Gads in Bewegung hielt.

Wir kamen gegen Abend in Springfield an und nahmen uns für die Nacht ein Zimmer im Massasoit House. Hier bemerkten wir zum ersten Mal, dass wir Fremde in einem fremden Land waren, was sich, wie meine holländischen Verwandten vorhersagten, zwangsläufig als ärgerlich erweisen würde. Wir waren hungrig, und das Abendessen im Hotel war alles andere als zufriedenstellend. Wie jeder weiß, sind die Neuniederländer herzhafte, gute Tellerdiener. Bei uns zu Hause war der Tisch immer voll, und bei Opa Van Der Zee musste mehr auf dem Tisch stehen, als man überhaupt essen konnte, sonst reichte das Feuer nicht, um den Baas zufriedenzustellen. Im Massasoit gab es im Speisesaal eine ansehnliche Show, aber auf den ersten Blick waren die angebotenen Speisen nicht akzeptabel. Die Milch war dünn, und die Butter und die Eier waren überhaupt nicht wie bei uns, frisch vom Bauernhof. Das konnte man jedoch verstehen und in Kauf nehmen. Die Kühe und Hühner waren englisch und daher natürlich unseren unterlegen, also ließ sich das nicht ändern. Was nicht zu verzeihen war und was ich empört empfand, war der dreiste Betrug, der an ahnungslosen Reisenden in Bezug auf das „Piece de Résistance" verübt wurde, das für mich das Hauptmerkmal der Mahlzeit war. Es handelte sich um einen großen Kuchen oder vielleicht Plumpudding, der in runden Stücken auf einem großen Tablett in der Mitte des Tisches aufgetürmt war. Ich rechnete damit, dass dieses köstlich aussehende, reichhaltige braune Gebäck die Mängel des Abendessens wettmachen würde, also sicherte ich mir ein großzügiges Stück und nahm gierig einen großen Bissen. Ich war so bestürzt und bestürzt, wie es die Worte nur bedeuten konnten! Der Cake Pudding zerfiel nicht in meinem Mund zu Asche – er war bereits Asche – Asche, Sägemehl und Melasse. Als Althea meine Enttäuschung und Abneigung sah, lehnte sie es ab, von der Köstlichkeit zu essen, aber mein Vater schaffte es, etwas davon zu essen, und erklärte, es sei Boston Brown Bread.

- 21 -

KAPITEL IV.
EIN SCHLECHTER ANFANG

Mr. Jonas Gerrish , oder umgangssprachlich einfach Gerrish , war für die United States Mail, den Express, die Freight Line und das Schnellbahnsystem von Brook Farm. Er fuhr täglich zweimal zwischen Hive und Scollay's Square und legte die zehn Kilometer lange Strecke in etwa anderthalb Stunden zurück, wobei er sich, wenn nötig, besonders bemühte, seinen Kunden entgegenzukommen. Als wir mit einer halben Stunde Verspätung in Boston ankamen, trafen wir Gerrish am Bahnhof an. Er war ein wenig ungeduldig, denn er sagte, es würde schneien und er befürchtete eine Verzögerung bei unserer Rückkehr in die Stadt. Gerrish neigte zur Ungeduld, aber das war nur oberflächlich, denn in Wirklichkeit war er sehr gutherzig und zuvorkommend. Es begann zu schneien, bevor wir die Straße überquert hatten, und wir erreichten unser Ziel mitten in einem heftigen Sturm.

Vater beschloss, sofort mit Gerrish zurückzukehren , da er in Boston etwas zu tun hatte, was schiefgehen könnte, wenn er wegen eines Sturms in West Roxbury aufgehalten würde. Seine Befürchtungen waren nur allzu begründet, da die Gemeinschaft der Brook Farm in den nächsten drei Tagen im Hive eingeschneit war. Er überließ uns hastig der guten Mrs. Rykeman , der Hausmutter im Hive, und versprach, am Samstag für das Wochenende auf die Farm zu kommen – obwohl ich, wenn ich es mir recht überlege, nicht weiß, ob wir damals das Wochenende unserer heutigen Ausflüge kannten.

Mrs. Rykeman hatte zwei verlassene, kalte und müde Kinder, von denen eines ein sehr elender Junge war, weit weg von Mutter und Zuhause und allem, was das Leben lebenswert macht. Unsere Gastgeberin brachte uns in ihr eigenes Zimmer und machte es uns so bequem wie möglich, und als es zum Abendessen klingelte, führte sie uns ins Esszimmer. Dies war ein langer, kahler Raum mit zehn oder zwölf quadratischen Tischen, die bis auf Servietten, Messer, Löffel und Schüssel an jedem Platz ebenfalls leer waren. Als wir an einem Ende des Raumes eintraten, kam eine Gruppe Mädchen am anderen Ende herein und brachte Krüge mit Milch und Stapel von Bostoner Schwarzbrot. Es gab auch Graham-Brot oder, wie wir es heute nennen, Vollkornbrot und Apfelmus, aber die Mahlzeit bestand hauptsächlich aus Schwarzbrot und Milch. Ich erfuhr sofort, dass die ausländische Milch mager und dünn war, weil sie entrahmt war. Die Idee, entrahmte Milch auf den Tisch zu stellen, war in der Old Colonie unbekannt

.

"THE HIVE"

Ich konnte oder wollte das abscheuliche Schwarzbrot nicht anrühren und
während ich darauf wartete, dass die Mädchen die Eier oder Koteletts oder
was auch immer es zum Abendessen gab, servierten, vertrieb ich mir die Zeit
damit, den Sinn des Geplappers und Gelächters zu verstehen, das den Raum
mit Heiterkeit erfüllte. Ab und zu schien ein Funke Sinn zu erkennen, aber
im Großen und Ganzen war es unmöglich, die Bedeutung des Schnellfeuers
von Tisch zu Tisch zu verstehen. Tatsächlich war es für einen Fremden
immer schwierig, sich in den allgemeinen Gesprächsfluss auf Brook Farm
einzuklinken. Die aufgeweckten jungen Enthusiasten dort waren sich in
gewisser Weise alle einig; sie standen sich sehr nahe und verstanden sich
schnell. Ein Wort, ein Blick, eine Geste drückten einen Gedanken aus. Eine
Anspielung, eine Erinnerung, ein passendes Zitat suggerierten eine Idee, die
von aufmerksamen Zuhörern klar erfasst wurde; und auf einen Geistesblitz
folgte sofort ein Freudenschrei, der bis zum Äußersten widerhallte.

Es versteht sich von selbst, dass mir diese Gedanken in diesem Moment
noch nicht durch den Kopf gingen, sondern dass sie erst später entstanden
und das Ergebnis längerer Beobachtung sind. Ich muss mich in einer Art
Labyrinth befunden haben und mich über den Spaß wundern, den ich sehen
und hören, aber nicht verstehen konnte, und mich auch fragen, wann das
Abendessen kommen würde. Ich wollte gerade Mrs. Rykeman fragen , wie
lange wir warten müssten, als, schwupps!, das ganze Essen vorbei und
erledigt war. Alle sprangen auf einmal auf und flogen wie ein Vogelschwarm
davon, während ein erstaunter kleiner Junge auf der Suche nach etwas
Essbarem zurückblieb.

Althea floh mit den anderen und kehrte bald zurück, um nach ihrem einsamen Bruder zu sehen. Als sie jedoch feststellte, dass ich in die Küche gebracht worden war, um etwas zu holen, das zumindest den Hunger lindern könnte, kehrte sie zu den Mädchen ins Wohnzimmer zurück, wo bereits ein Tanz im Gange war. Althea war ein aufgewecktes Mädchen, lebhaft, aufmerksam, dankbar und umgänglich. Sie nahm sofort mit größter Anmut ihren Platz in der Gemeinschaft von Brook Farm ein. Sie freundete sich bereitwillig mit Abby Ford und ihrer Schwester, mit Annie und Mary Page, mit den Barlow-Brüdern und mit den spanischen Schülern in etwa ihrem Alter an. Von diesen letzteren wurde Ramon Cita oder Little Raymond später ihr besonderer Kavalier. Ramon war der jüngste und kleinste der Spanier, außerdem sah er nach unseren Maßstäben am besten aus und war auch ein sehr charmanter kleiner Gentleman. Es gab acht dieser Jungen und jungen Männer, und sie waren alle höflich und höflich in einem Maße, das wir amerikanischen Jugendlichen bewundern konnten, das wir aber kaum erreichen konnten. Es muss sich bei ihnen um Mitglieder angesehener Familien gehandelt haben, da sie mehr als einmal Besuch von hohen Beamten der spanischen Gesandtschaft in Washington erhielten.

Hier kann man auch sagen, dass diese Schüler von Manila geschickt wurden, um sich in Dr. Ripleys Schule in Boston auf Harvard vorzubereiten; eine Schule, die in den frühen vierziger Jahren den besten Ruf genoss. Der Doktor verlegte sie mit mehreren Lehrern nach West Roxbury, wo sie zum Kern der Brook Farm- Schule wurde . Die Ford-Mädchen mit ihrer Tante, Miss Russell, die Barlow-Jungs und ihre Mutter sowie die Manila-Jugendlichen waren, glaube ich, unter denen, die von der Bostoner Schule abwanderten.

Wir alle mochten die jungen Spanier sehr, und ich mochte seitdem die Menschen ihrer Nationalität, die ich zu Hause und im Ausland traf. Sie können uns jeden Tag der Woche gute Manieren beibringen; aber sie haben eine Eigenart, die dem Durchschnittsamerikaner sicherlich ziemlich seltsam vorkommen muss. Das ist ihr allgemeiner und vertrauter Gebrauch von Wörtern und Namen, die wir als heilig betrachten und die außerhalb des Versammlungshauses kaum ausgesprochen werden. Als Beispiel kann man zu diesem späten Zeitpunkt vielleicht erwähnen, ohne Familiennamen zu nennen, dass einer unserer Schüler auf den Namen Jesus Maria getauft wurde und ein anderer nach demselben Ritus Joseph Heiliger Geist genannt wurde.

Vor dem Schlafengehen hatte sich der Schneesturm zu einem fürchterlichen Unwetter entwickelt, dem schwersten und härtesten des Winters, und was der Winter in Neuengland anrichten kann, wenn er es versucht, kann nur die Erfahrung zeigen, denn keine Beschreibung kann eine angemessene Vorstellung von den heftigen Böen, dem Treiben des hartgefrorenen Schnees und der schrecklichen Kälte vermitteln, die von den durchdringenden Speeren und hämmernden Hämmern der Nordost-Sturmteufel direkt durch Kleidung, Fleisch und Knochen getrieben wird. Drei Tage und drei Nächte lang wüteten die Angreifer der Arktis um uns herum und blockierten alle außer den härtesten und stärksten von uns in den engen Räumen des Bienenstocks. Das Haus zu verlassen bedeutete, Leib und Leben zu riskieren. Niemand durfte solche Risiken allein eingehen, da man im Falle eines Sturzes kaum ohne Hilfe wieder aufstehen konnte, aber Gruppen von zwei oder drei der jungen Männer gingen in die Scheunen, um nach dem Vieh zu sehen, oder hinauf zum Eyrie, zum Cottage und zum Pilgrim Hall, um nachzusehen, ob alles in Ordnung war, und um einen Schlitten voll Bettzeug für die Eingeschlossenen herunterzuholen. Bei ihren Gottesdiensten traten die Vegetarier gegen die „Kannibalen" an, wie sie diejenigen verächtlich nannten, die noch immer an die Fleischtöpfe Ägyptens gefesselt waren, aber ich glaube nicht, dass genug Rindfleisch gegessen wurde, um einen Vergleich zu rechtfertigen, und jedenfalls kamen sie alle gleich heraus, ziemlich erschöpft.

Am nächsten Morgen erwachte ich auf einem Sofa in der oberen Halle, wo ich mich gegen Mitternacht ausgestreckt hatte, um mich einen Moment auszuruhen. Althea hatte mir sorgfältig die Schuhe ausgezogen und mich, ohne dass ich es bemerkte, mit Umhängen und Schals zugedeckt. Der Schwarm im Bienenstock hatte die Idee des Dichters von der stürmischen Privatsphäre des Sturms in Bezug auf den Tumult ziemlich gut veranschaulicht, aber was die Privatsphäre angeht, so war diese in einem Haus, das mit aufgeregten jungen Leuten überfüllt war, nur möglich. Ausgelassenheit und Spaß standen im Vordergrund, und jeder ertrug die Probleme dieses stürmischen Abends mit viel Humor; ein müder, mürrischer und gereizter kleiner Kerl wurde in der Erzählung nicht erwähnt. Er wurde ganz sicher nicht erwähnt. Auf Brook Farm war jeder, der nicht unbedingt dazugehörte, um eine spätere Formulierung zu verwenden, absolut nicht dabei. Man musste im Zug sein, sonst stand man allein auf dem Bahnsteig.

Nach dem, was als Morgentoilette herhalten musste, ging es mir besser, denn Mrs. Rykeman hatte versprochen, das dürftige Abendessen durch ein gutes heißes Brewis wettzumachen . Brewis war ein neues Wort und ich war mehr als bereit, die Vorzüge des unbekannten Nahrungsmittels zu testen, denn meiner Erfahrung nach war alles, was als gut zum Essen empfohlen wurde, auch genießbar. Das Esszimmer wurde als Schlafsaal für Frauen und Mädchen genutzt und das Frühstück wurde im Stehen im Salon oder im Flur oder an jedem anderen Ort außerhalb der Küche eingenommen, wo gearbeitet wurde. Als man mir meine Schüssel reichte, war sie mit dem ewigen, in Milch gekochten Schwarzbrot gefüllt. Das war Brewis . Ich war einfach nur wütend!

Mittwoch und Donnerstag dieser ersten Woche auf der Brook Farm waren wahrlich traurige Tage. Ich hatte einen schlechten Start! Durch den heftigsten Sturm des Jahres im Haus eingesperrt, schmollte ich in Ecken, allein in einer Menschenmenge, die einsamste Art von Einsamkeit. Die Lehrer taten ihr Bestes, um den Unterricht in den Schlafzimmern am Laufen zu halten, aber da die Stunden unregelmäßig waren, durfte ich ohne Bemerkung fehlen. Althea und einige andere versuchten, mich in das ständige Picknick-Abenteuer hineinzuziehen, das überall im Haus stattfand, nur um dann festzustellen, dass in der Klausur meines Bruders nichts los war. Zur Essenszeit wurde mir ausnahmslos das nervtötende Schwarzbrot zu meiner Freude angeboten, und das empfand ich als persönliche Beleidigung. Wenn man auf die kunstvolle Hilfe der Alliteration zurückgreift, kann man sagen, dass ich mich zwangsläufig an Bostoner Schwarzbrot stören musste. Ich grübelte morgens, mittags und abends über den einen Gedanken, dass ich meinen Vater, wenn er käme, anflehen würde, mich wieder nach Hause zu bringen.

Später stellte sich heraus, dass ich während dieser schwierigen Zeit von den Behörden nicht völlig vernachlässigt worden war, denn sie hatten den neuen Jungen im Auge behalten und erwogen ernsthaft dieselbe Idee. Sie dachten, es wäre vielleicht besser, seinem Vater zu raten, ihn wegzubringen. Der mürrische Junge war offensichtlich so unglücklich fehl am Platz, dass sie geneigt waren, nicht zu versuchen, ihn zu behalten. Wirklich, ein schlechter Anfang!

Dies war keine Entscheidung, die im konkreten Fall getroffen wurde, sondern vielmehr eine ungeschriebene Regel der Gemeinschaft. Brook Farm war eine Solidarität, eine Gesellschaft, die sich zusammenschloss, um bestimmte Prinzipien in die Praxis umzusetzen und bestimmte Ergebnisse zu erzielen, und es wurden nur diejenigen gesucht, die den Geist der Bewegung teilen und dabei helfen konnten, das große Werk fortzusetzen. Diejenigen, die nicht halfen, die Aufgabe der Reform der Gesellschaft behinderten und weiterhin behindern wollten, konnten nicht zugelassen werden. Wie mit der Gemeinschaft war es auch mit der Schule. Die Schule war eine unabhängige Organisation, aber sie war auch eine experimentelle Organisation, da sie praktisch ein erster Versuch war, eine industrielle Ausbildung einzuführen, und es wurden nur Schüler gesucht, die für eine solche Ausbildung geeignet waren. Es war kein Ort für Schwachsinnige, Unzulängliche oder Widerspenstige, sondern für intelligente Kinder, die auf Unterricht reagieren konnten, der auf bestimmte Ziele ausgerichtet war. Die Lehrer, die sich ernsthaft diesen ausgewählten Unterrichtsfächern widmeten, konnten es sich nicht leisten, Unfähigen Zeit und Aufmerksamkeit zu widmen.

Diese Dinge sind erwähnenswert, weil Brook Farm im Allgemeinen und Dr. Ripley im Besonderen dafür gerügt wurden, dass sie sich weigerten, Mitglieder der Gemeinde und Schüler der Schule aufzunehmen, die nicht für die Durchführung von beinahe heiligen Unternehmungen geeignet waren. Diese Ausschließlichkeit war weder hartherzig noch lieblos, sondern unter den gegebenen Umständen einfach notwendig. Brook Farm aus diesem Grund als heidnisch und unchristlich zu bezeichnen, wie es gewisse puritanische Kritiker getan haben, ist ebenso ungerecht, wie Luther Burbank dafür zu beschuldigen, tausend Pflanzen weggeworfen zu haben, um das eine Gewächs zu züchten, das seinen Zweck zu erfüllen versprach. Für jedes Experiment ist die sorgfältige Auswahl des Materials nicht nur angemessen, sondern unverzichtbar.

Am Freitag ließ der Sturm nach, und als die Seiten wieder klar waren, besserte sich alles. Am Nachmittag machten sich Dr. Ripley und Charles Hosmer auf den Heimweg von Boston, von allen mit Jubel begrüßt, außer von Master Grumpus , der für ihre rechtzeitige Ankunft mehr als dankbar hätte sein sollen, wenn er es nur gewusst hätte. Am Samstagmorgen wurde der reguläre Unterricht im Klassenzimmer wieder aufgenommen, aber ich hielt mich in abgelegenen Verstecken fern; ein Versteck war der Kuhstall. Hier fand mich Charles Hosmer zufällig, nur zufällig, wie es schien, aber in Wirklichkeit zweifellos aus freundlicher Absicht, und begrüßte mich herzlich, und ich konnte nicht so kleinlich sein, ihn nicht zu erwidern.

„Sind Sie der Junge, der aus Albany kam?", fragte er.

„Aus der Old Colonie in Albany", antwortete ich.

„Ich nehme an", fuhr er fort, „Sie wurden Ihren Kursen noch nicht zugeteilt?"

Ich akzeptierte diesen Bericht über die tatsächlich unerlaubte Abwesenheit, und er schlug dann vor, dass ich ihm beim Bau einer Rodelbahn helfen könnte, wenn ich nichts anderes zur Hand hätte. Da ich noch nie von so etwas gehört hatte, nahm ich die Einladung an. Wir besorgten uns ein paar Schaufeln und bahnten uns einen Weg zum Hügel. Unterwegs erklärte Mr. Hosmer, dass Angus Cameron, ein weiterer neuer Schüler aus Kanada, einen Rodel, eine Art Schlitten, mit in die Schule gebracht hatte, und dass wir einen glatten Weg oder eine Rutschbahn dafür bauen sollten, damit die Jungen und Mädchen ihn am Nachmittag ausprobieren könnten, wenn kein Unterricht wäre.

Wir machten uns mit Eifer an die Arbeit, schaufelten den Schnee mit den Schaufeln nieder, ebneten Unebenheiten und formten eine klare, harte Spur von der Spitze des Hügels bis zum Bach. Am Rand des Ufers häuften wir eine schiefe Ebene auf, befeuchteten den Schnee und bauten einen Hügel von etwa fünf Fuß Höhe. Von dieser Höhe aus, erklärte Mr. Hosmer, würde der Schlitten, der die Rutsche hinunterflog, nach oben und vorne schießen und auf der anderen Seite des Bachs landen. Das schien mir eine sehr wünschenswerte Sache zu sein, und während ich die Schaufelarbeit beendete, ging mein Begleiter zurück zum Bienenstock und holte den Schlitten heraus.

Diese heute hinlänglich bekannte Annehmlichkeit war uns neu und wir wussten nicht recht, wie wir damit umgehen sollten. Irgendwie schafften wir es jedoch, auf das Ding zu steigen, und los ging es die Rutsche hinunter. Die Rutsche war in Ordnung und die schiefe Ebene war in Ordnung, also schafften wir den Abstieg und den Aufstieg gut und schwebten wie ein Vogel über den Bach, aber die Landung auf der anderen Seite war völlig daneben. Wir prallten wie ein Rammbock gegen die Schneewehe, und der Schnee türmte sich vor uns auf, hart wie Stein; der Schock war furchtbar! Mr. Hosmer bekam es am schlimmsten, als er in die Schneewehe katapultiert wurde, während ich in einem Haufen auf seinen Schultern landete. Er krabbelte auf allen Vieren aus der Schneewehe und war nur daran interessiert, herauszufinden, ob ich schwer verletzt war. Als ich ihm versicherte, dass kein Schaden entstanden sei, es sei denn, sein Rücken, seine Beine und Arme seien gebrochen, richtete er sich auf und erklärte, er sei unverletzt, aber schrecklich gedemütigt. „Wie kann ein Mensch ein solch verdammter Idiot sein, dass er kopfüber gegen eine Barrikade wie diese rennt?" Diese Frage drängte sich ihm auf, nur sagte er nicht genau „verdammter Idiot", sondern entschuldigte sich für die nachdrücklichen Worte, die er benutzte, und da sie in gedruckter Form nicht gut aussehen, müssen sie nicht wiederholt werden.

Trotz seines Blödsinns sah ich, dass er Schmerzen hatte, und wollte, dass er zum Hive zurückkehrte, aber er bestand darauf, unsere Arbeit zu Ende zu bringen. Unter seiner Anleitung wälzte ich mich durch die Schneewehe, hin und her, trampelte einen Gang entlang und drückte den Schnee dann fest und flach, wobei ich den Schlitten wie ein Brett benutzte. Inzwischen war Mr. Hosmer ganz weiß geworden und ließ sich nun schlaff und krank auf den Schlitten fallen. Der Schock hatte seine Verdauung durcheinandergebracht. Wie sollte ich ihn nach Hause bringen? Ich lieh mir Schienen vom Straßenzaun, legte sie über den offenen Wasserstreifen in der Mitte des Bachs, häufte Schnee darüber und zog meinen Patienten auf dem Schlitten hinüber. Ich versuchte, ihn den Hügel hinaufzuziehen, aber er protestierte und behauptete, es ginge ihm viel besser und er könne wieder laufen. Er schaffte es, den Hügel hinaufzukriechen, und hinterließ mir Anweisungen, wie ich Angus Cameron finden und mit ihm am Nachmittag die Rutsche in Angriff nehmen sollte.

Nachdem ich mit dem neuen Gefährt ein halbes Dutzend oder mehr rasante Sprünge über den Bach gemacht hatte, mit ebenso vielen Stößen und

Überschlägen im Schnee, bekam ich den Dreh raus und konnte es mit einer wunderbaren Leichtigkeit über die Strecke lenken, die an den Flug eines Vogels erinnerte.

KAPITEL V.
EIN GUTES ENDE

Das Abendessen am Samstag zerstreute alle Befürchtungen, wegen der kargen Kost auf Brook Farm verhungern zu müssen, denn der Tisch war reichlich gefüllt mit gekochtem Rindfleisch, Gemüse, Graham-Brot und guter, süßer Butter wie zu Hause und, das Beste von allem, gebackenem Indian Pudding, einem wahren Luxus. Mr. Hosmer erschien nicht, da er in seinem Zimmer in der Hütte eingesperrt war. Als ich erfuhr, dass Dr. Ripley vorhatte, dort vorbeizukommen, bat ich um Erlaubnis, ihn zu begleiten, und man sagte mir, ich solle um vier Uhr in der Bibliothek sein, die gleichzeitig das Büro des Präsidenten war.

Da ich die schnellen Veränderungen auf Brook Farm nicht gewohnt war, kam ich nach meinem kleinen Gespräch mit Dr. Ripley ein paar Minuten zu spät zum Hügel, wo ich etwa zwanzig Kinder und halb so viele Erwachsene bei einem Schneeballwettkampf vorfand. Ich fragte nach Angus und überließ ihm den Schlitten für die erste Fahrt. Er fragte, ob die Rutsche in Ordnung sei, ob ich den Sprung über den Bach geschafft hätte und ob Mr. Hosmer schwer verletzt sei. Da er sozusagen etwas zögerlich war, nach vorne zu kommen, ergriff ich die Initiative und lud jedes Mädchen ein, sich mir anzuschließen, das den Mut hatte, sich der Sache zu stellen. Auf Drängen meiner Schwester Althea nahm Annie Page den angebotenen Platz ein, und wir stürzten wie ein Blitz die Rutsche hinunter, während die ganze Gesellschaft unser Unterfangen mit großem Interesse und nicht wenig Sorge beobachtete. Der Flug war atemberaubend, aber wir glitten in einem gewaltigen Schwung über den Bach und hinaus auf die dünne Schneefläche der Wiese, ohne unterwegs eine Erschütterung oder Unterbrechung. Annie war entzückt und dankte mir immer wieder für die überraschende Freude, die ich ihr bereitet hatte.

Unter diesen Umständen dachte ich, Althea könnte das nächste Mädchen sein, das die Reise antreten würde, und auf dem Weg den Hügel hinauf gab ich den Ruf „Old Colonie" von mir, den sie erkannte und beantwortete. Annie bemerkte das Pfeifen und die Antwort und fragte, was es bedeutete, und als ich ihr das Signal erklärte, sagte sie: „Das würde ich gern lernen." Ich wiederholte es sofort, bis sie die Töne verstand, und bald hallte die Melodie über den ganzen Hügel, und von diesem Moment an wurde es zum Ruf der Schule. Von diesem Moment an wurde Annie Page auch für mich das einzige Mädchen des Ortes. Sie behielt diese Position in meinen Augen bis drei Jahre später, als sie und ihre Schwester zu ihren Eltern nach Italien zogen. Sie war ein Jahr, einen Monat und einen Tag jünger als ich, aber viel älter in der Schule als ich. Das war ein Vorteil für mich, denn es hatte den Effekt, dass ich in meinen Studien schneller vorankam, um ihre Kurse zu erreichen. Auch außerhalb der Schulzeiten waren wir viel zusammen und erledigten, wenn möglich, die gleichen Arbeiten, wie das Füttern der Kaninchen im Gehege hinter dem Eyrie und die Pflege des Kräutergartens, in dem wir Minze, Anis, Kümmel, Salbei , Majoran und Safran für den Bostoner Markt anbauten.

Auf dem Hügel ereignete sich noch ein weiterer Vorfall, der vielleicht der Aufzählung wert ist, da er mir einen Namen einbrachte. Annie bestand darauf, mir zu helfen, den Schlitten die Rutsche hinaufzuziehen , und bemerkte dabei: „Ich wusste nicht, dass Jungen Parfümerie mögen."

„Das", sagte ich, „stammt aus der Zedernholztruhe, in der unsere Kleidung verstaut ist."

Gerade als wir die Gruppe oben auf dem Hügel erreichten, antwortete sie: „Oh, Zeder! Das ist es."

Während sie sprach, kam ein kleines Kleinkind , drei oder vier Jahre alt, auf mich zugerannt und rief: „Cedar, kann ich nicht auf dem Moorhuhn mitfahren ? "

Damit war die Sache entschieden! Von da an hieß mein Name auf der Brook Farm Cedar und würde es auch bleiben, wenn sich noch einer meiner Gefährten daran erinnern würde. Ich hatte nie einen anderen Spitznamen, außer dass in den letzten Jahren einige liebe und enge Freunde aus meinen Initialen Silben gebildet und mich Jay Vee genannt haben .

Um vier Uhr stapften meine Schwester und ich hinauf, um dem Eyrie einen Besuch abzustatten. Dies war ein quadratisches Haus im Stil einer Vorstadtvilla , zweieinhalb Stockwerke hoch und das schönste Gebäude am Ort, wenn auch ziemlich schlicht, verglichen mit den heutigen Villen in der Nachbarschaft. Doktor und Mrs. Ripley empfingen uns sehr freundlich und hießen uns auf Brook Farm herzlich willkommen. Mrs. Ripley, geborene Sophia Dana, war eine schlanke, anmutige Dame, die zu dem gehörte, was Dr. Oliver Wendell Holmes die Brahmanenklasse von Boston nennt; charmant im Auftreten, lebhaft und fröhlich, aber zutiefst ernst in ihrer religiösen Hingabe an das, was sie als das wahre christliche Leben ansah. Sie hatte inoffiziell die allgemeine Aufsicht über die Mädchen in der Schule und sorgte dafür, dass sich Althea unter ihrer mütterlichen Fürsorge sofort wie zu Hause fühlte.

Dr. Ripley gewann mein Vertrauen, indem er behauptete, wir seien alte Bekannte, und sich an eine frühere Begegnung erinnerte, die ich völlig vergessen hatte. Vor mehreren Jahren, als ich noch ein ganz kleiner Junge war, hatte mich mein Vater auf einen Flug von New York nach Boston mitgenommen, und ich nehme an, er hatte sich dazu entschieden, anstatt meine Mutter mit zwei Kindern in einer fremden Stadt zurückzulassen. Während dieses kurzen Besuchs hatte Dr. Ripley meinen Vater zu einem berühmten Künstler mitgenommen, und jetzt erinnerte er mich an die Umstände. Auf sein Geheiß konnte ich mich daran erinnern, wie ich in einer Kutsche gefahren war, einen großen, silbergrauen alten Herrn in einem schwarz-samtigen Gewand mit rotem Futter gesehen und zum ersten Mal weiße Trauben probiert hatte; aber der Name des silbergrauen Herrn fiel mir nicht ein.

„Nun", sagte mein Mentor, „vielleicht freuen Sie sich irgendwann zu erfahren, dass der Herr, den Sie gesehen haben, Washington Alston war."

Wir ließen Althea bei Mrs. Ripley und gingen bald darauf zum Cottage, einem kleinen Haus in der Nähe von Eyrie, das von Miss Russell und ihren beiden Nichten, Mr. Dana, Mr. Hosmer und Mr. Hecker, bewohnt wurde. Letzteren fanden wir in Mr. Hosmers Zimmer.

Isaac Thomas Hecker war ein religiöser Enthusiast, der aus demselben Grund nach Brook Farm kam, aus dem Emerson die Unitarische Kirche verließ, nämlich um Seelenfrieden zu finden. Er gehörte einer wohlhabenden Familie in New York an, die Mehlspezialitäten herstellte, aber die Zwänge und die fragwürdigen Geschäftspraktiken waren ihm lästig, und er suchte eifrig ein Zuhause unter den sympathischen Geistern, die versuchten, auf ihrem sterilen kleinen Anwesen in West Roxbury ein besseres Leben zu führen. Da er einer von der gründlichen Sorte war, hatte er alle Verwendungsmöglichkeiten von Mehl von Anfang bis Ende gelernt, und dieses Wissen stellte er der Gemeinde von Brook Farm gerne als Bäcker zur Verfügung. Er war mehrere Monate lang ein treuer und fähiger Bäcker; normalerweise glücklich und fröhlich an allem interessiert, was vor sich ging, aber gelegentlich nahm er sich einen Tag frei, um zu fasten und zu beten. Anfang des Frühlings suchten Annie Page und ich auf der anderen Seite des Kiefernwalds nach Erdbeerbäumen, oder Mayflower, wie wir sie nannten, als wir auf Mr. Hecker trafen, der in dem abgeschiedenen kleinen Tal, das ihm als Rückzugsort diente, schnell auf und ab ging. Er rang die Hände und schluchzte so heftig, dass wir zwei verängstigten Kinder uns davonstahlen, ehrfürchtig und verblüfft. Wir waren Eindringlinge in einer Szene, die niemand hätte beobachten sollen, und wir sagten damals nichts darüber, und ich habe es bis jetzt nie erwähnt.

Nicht lange nach diesem merkwürdigen Ereignis kam Henry D. Thoreau auf die Farm, und Mr. Hecker fand in ihm einen sympathischen Gefährten. Bald darauf reisten die beiden zusammen weg, vermutlich um durch Experimente die zum Überleben tatsächlich erforderliche Mindestmenge an Nahrung zu bestimmen. Sie kamen nie zurück. Thoreau gewöhnte sich vermutlich an die Einsamkeit von Walden, und unser Bäcker fühlte sich von der katholischen Kirche angezogen und ging schließlich ins Ausland, um Priester zu studieren. Nach seiner Priesterweihe kehrte er nach New York zurück und war für den

Rest seines Lebens ein ernsthafter und einflussreicher, wenn auch etwas unabhängiger Arbeiter in den Weinbergen von Rom; er erlangte unaufgeforderten Ruhm als Pater Hecker. Sein herausragendes Werk war die Gründung der Paulisten, einer starken Organisation mit Einfluss auf das religiöse Leben von New York, obwohl die Kirche und das Zuhause der Bruderschaft auf der anderen Seite des Hudson River in New Jersey liegen.

Als ich Dr. Ripley, Mr. Hecker und Mr. Hosmer zusammen sah, schien es mir, als müssten sie die liebsten Freunde der Welt sein. Und sie waren tatsächlich sehr enge Freunde, da sie viele wichtige Interessen gemeinsam hatten. Dr. Ripley war ein wahrer Prediger des Evangeliums; Mr. Hosmer hatte Theologie studiert und Mr. Hecker war, wie angedeutet, ein vorherbestimmter Priester. Doch wie ich später erfuhr, war aufrichtige und sogar liebevolle Herzlichkeit das hervorstechende Merkmal der Brook Farmers im Umgang miteinander. Ihre Kommunikation war ein Ja, Ja und Nein, Nein, Aber sie freuten sich wirklich, sich zu treffen, tauschten Grüße aus, freuten sich, das gute Wort, das immer kam, zu geben und anzunehmen und freuten sich, offen ihre Freude an ihren gemeinsamen Spaziergängen und Gesprächen zu zeigen. Dies war die äußere Erscheinung des inneren Geistes von Brook Farm. Es war die Verkörperung liebevoller Güte; und für dankbare Besucher war das Erkennen dieses christlichen Geistes in den Begegnungen des alltäglichen Lebens so berauschend wie ein Schluck neuen Weins, Wein aus der Kelter von Edom und Bozra .

Nach einer kurzen Unterhaltung gingen Dr. Ripley und Mr. Hecker zusammen weg und ließen mich mit Mr. Hosmer allein, bei dem ich bis zum Abendessen blieb. Er befragte mich über alle Einzelheiten des Rodelabenteuers, von dem ich voller Stolz berichten konnte, dass es ein überaus erfolgreicher Vorgang war, und nachdem ich ihm alles erzählt hatte, sogar meinen neuen Namen, sagte er: „Na, Sie sind ja gut angekommen. Sie wurden eingeweiht. Diese jungen Leute nehmen niemanden auf und geben ihm einen solchen Namen, wenn die Dinge nicht gut laufen.“

Ich wusste nicht, was es bedeutet, initiiert zu werden, also erklärte er mir, dass es auf der Brook Farm zwar keine Schikanen gäbe, es für neue Schüler aber manchmal etwas schwierig sei, ihren richtigen Platz einzunehmen, bis die Älteren herausgefunden hätten, wie sie seien.

Auch die Schikanen mussten erklärt werden, und so erzählte er mir, dass die älteren Jungen ihn gehänselt und gequält hätten, als er zum ersten Mal ins Internat kam, indem sie ihn „einer Sprossenkur unterziehen mussten“, wie sie es nannten. Sie ließen ihn sein ganzes Geld für Leckereien ausgeben, die er nicht probieren durfte. Sie warfen ihn in den Kanal, um zu sehen, ob er schwimmen konnte, und schleiften ihn dann im Sand herum, um seine

Kleider zu trocknen. Diese und ähnliche zarte Aufmerksamkeiten schenkten sie ihm, um sein Metall zu testen.

Ich hoffte, dass er, da er natürlich rasend wütend war, seine Wut später, wie sich die Gelegenheit bot, an ihnen ausgelassen hatte, aber er sagte, nein, das ginge überhaupt nicht. Die Tortur diente dazu, das Temperament eines Jungen zu testen und herauszufinden, ob er Feuer aushalten konnte, ohne wütend zu werden oder es zumindest nicht zu zeigen. „Sie haben Ihre Prüfung bestanden", fügte er hinzu, „und haben Ihren Platz unter Ihren Kameraden bekommen, und ich bin sehr froh darüber."

Mr. Hosmer hatte die allgemeine Aufsicht über die Jungen, so wie Mrs. Ripley die Aufsicht über die Mädchen hatte. Er teilte mir mit, dass ich in Pilgrim Hall unter der Vormundschaft von Miss Marian Ripley untergebracht werden sollte und mein Partner Bonico , mit anderen Worten Isaac Colburne , sein sollte . Warum Bonico ? Nun, einfach weil er Bonico war . Er war auch ein guter Freund und Miss Ripley war eine freundliche, vernünftige und gewissenhafte Vormundin; obwohl wir sie Grenadier nannten, weil sie groß, sehr aufrecht und ziemlich streng aussah.

Auf dem Weg vom Eyrie mit den Pagenmädchen und John Cheever teilte mir Annie mit, dass meine Schwester Dheelish heißen sollte . Mr. Cheever stamme aus Irland, sagte sie, und er habe dem Mädchen erzählt, dass Dheelish das irische Wort für Liebling sei, und sie hätten es anstelle von Althea übernommen, was zwar ein sehr schöner Name war, wirklich sehr schön, aber ihrer Meinung nach zu alt und zu formell; und außerdem, fügte meine Begleiterin hinzu, sei sie eine Liebste, wissen Sie.

Ich wusste, dass es nicht weit entfernt ein anderes Mädchen gab, das auch ein Schatz war. Sentimental? Nun ja. Alle Jungen sind mehr oder weniger sentimental, nur sind sie meistens zu schüchtern, es zuzugeben oder sich dessen überhaupt bewusst zu sein.

Als wir das Hive erreichten, trafen wir auf Gerrish , der Vater und Reverend William H. Channing mitbrachte. Beim Abendessen aß ich tapfer meine Schüssel mit Schwarzbrot und Milch, nahm es als selbstverständlich hin, hoffte aber insgeheim, dass Vater meinen verbesserten Appetit bemerken würde.

Der Sonntag erwies sich als ein gesegneter Tag in meinem Kalender. Dr. Channing hielt im Speisesaal einen Gottesdienst ab, und jeder Anwesende war anwesend, und noch viele weitere aus der Nachbarschaft und aus Boston. Das Thema seiner Predigt war das neue Gebot:

„Ein neues Gebot gebe ich euch: Liebt einander, damit auch ihr einander liebt, so wie ich euch geliebt habe. Daran werden alle erkennen, dass ihr meine Jünger seid: wenn ihr einander liebt . "

Vater erinnerte sich immer an diese Predigt und bezog sich in späteren Jahren oft darauf. Ich erinnere mich daran, dass sie in meinem stumpfen Verstand ein neues Gespür dafür weckte, was praktisches Christentum wirklich ist. Ich erkannte, dass ich ein selbstsüchtiger, dummer Junge gewesen war; ich versuchte mein Bestes, um aus allem das Schlechteste zu machen, während alle anderen ihr Bestes gaben, um aus allem das Beste zu machen. Das war ein gutes Ende der bedrohlichen Phase meiner ersten Erfahrung auf der Brook Farm.

KAPITEL VI.
UNTERHALTUNGEN

Unsere Rutsche vom Hügel war sehr beliebt und hielt, mit gelegentlichen Reparaturen, den ganzen Winter über, was eine willkommene Ergänzung zu unseren Freizeitaktivitäten im Freien in der Jahreszeit darstellte, in der diese zwangsläufig begrenzt waren. Das Leben im Freien war eine der heilsamen Bräuche der Gemeinschaft, eine Sitte, die selbst bei vergleichsweise schlechtem Wetter treu befolgt wurde. Ob es regnete oder die Sonne schien, ob es schneite oder stürmte, außer bei echten Stürmen verbrachte jeder einen Großteil der vierundzwanzig Stunden unter freiem Himmel. Es gab immer etwas zu tun, Holz hacken, Torf graben – der wichtigste Brennstoff –, Steinmauern reparieren und sich um die Baumschulen kümmern. Und zum Spaß gab es noch Rodeln, Schlittschuhlaufen, Schlittenfahren und lange Wanderungen durch das Gelände oder zu einem entfernten interessanten Punkt. Die Witterung schien niemandem zu schaden, und Husten, Grippe und Rheuma waren unbekannt.

Dennoch nahmen während der Wintermonate die Vergnügungen drinnen den größten Platz ein. Nach der Neuorganisation der Vereinigung als Phalanx wurde Mr. John Dwight Leiter der Festreihe, und da er in erster Linie Musiker war, folgte daraus, dass Musik den Hauptbestandteil unserer Unterhaltung bildete. Vokal- und Instrumentalmusik wurde in der Schule ausführlich gelehrt, und da fast alle Mitglieder der Gemeinschaft Musikliebhaber waren und viele Sänger und Spieler, war es von morgens bis abends melodisch. Es gab immer ein neues oder vielleicht ein sehr altes Lied zum Ausprobieren, eine lokale Komposition zum Anhören oder eine Vorbereitung auf künftige musikalische Ereignisse, die Aufmerksamkeit erregten. Im Speisesaal wurden Auszüge aus damals bekannten und heute vergessenen Opern aufgeführt; mir kommen Teile mit allen Charakteren und Chören aus „ Zampa ", „Norma" und „Der Kalif von Bagdad" in den Sinn. Um ein neues Klavier zu finanzieren, wurden zwei öffentliche Konzerte gegeben, und da der Erlös nicht ganz ausreichte, verzichteten wir alle auf Butter und verkauften drei Monate lang die gesamte Produktion der Molkerei, um das Defizit auszugleichen. Das war genau wie bei Brook Farm. Die anspruchsvollste Aufführung zu meiner Zeit war die Aufführung des Oratoriums des Heiligen Paulus, das auf Wunsch zweimal aufgeführt wurde, aber das war im Sommer, als wir im Amphitheater im Kiefernwald genügend Platz und Bühne hatten.

Wir hatten ein weiteres Theater, ein sehr kleines, bitte, in dem die Theatergruppe im Winter leichte Theaterstücke, Tableaus, Lesungen und Rezitationen und ähnliche Unterhaltungen bot. Ein Mitglied dieser Gruppe, Mr. John Glover Drew, war ehrgeizig und drängte auf die Aufführung von etwas Ernsterem und Erbaulicherem als bloß amüsanten Nebensächlichkeiten, und dementsprechend wurde ein Ausflug in das Reich des Melodrams unternommen. Glover, wie er genannt wurde, war nach der Mode der Zeit sehr byronisch und bereitete eine Abfolge spannender Szenen aus Byrons sensationellem Gedicht „Der Korsar" für die Aufführung durch seine Mitschauspieler vor. Diese melodramatische Produktion wurde mit all dem Papp-Prunk und den Secondhand-Umständen aufgeführt, die sich das kleine Werkstatttheater leisten konnte, und wurde mit all dem Feuer aufgeführt, das der hochtrabende Autor seiner Truppe vermitteln konnte. Das Ergebnis war katastrophal.

Glover war ein sehr freundlicher, lustiger junger Mann, ein Kerl mit unendlichem Spaß und immer voller Humor, aber sein Stück war ausgesprochen düster. Obwohl die Stimmung auf Brook Farm ebenso ausgesprochen fröhlich war, ging das melancholische Drama ihm gegen den Strich und die Aufführung war traurig langweilig. Es war der einzige Misserfolg unter den vielen erfolgreichen Unterhaltungsangeboten der Festserie, und die Mitglieder der Besetzung, einschließlich des Autors, waren sehr deprimiert, als der Vorhang fiel und der Zuschauerraum bereits fast leer war. Glover hatte an diesem Abend zweifellos seine schlechte Viertelstunde, aber am nächsten Morgen fand er sein gewohntes Gleichgewicht wieder und ließ seinen Kummer mit einer charakteristischen Stichelei auf seine Kosten los. Ein mitfühlender Freund wagte zu fragen, ob das Fiasko vielleicht durch zu viel Blut und Donner in dem Stück verursacht worden sei.

„Nicht Blut und Donner, sondern dumpfer Schlag und Patzer", war Glovers schnelle Erwiderung.

In dieser Saison hatten wir zwei oder drei andere Stücke im Laden, in einem davon spielte mein Vater eine kleine Rolle. Ich glaube, es war „The Rent Day" von Douglas Jerrold. Das Stück beginnt mit einem Tableau, das Wilkies ' Bild von „The Rent Day" nachstellt, und die wichtigste Aufgabe meines Vaters war, in der Rolle des Verwalters Master Crumbs am Kopfende des Tisches zu sitzen. Peter Baldwin, der Mr. Hecker als Generalbäcker ablöste – und deshalb den Titel General erhielt –, übernahm normalerweise die Rolle des ersten alten Mannes, aber als er plötzlich nach Boston gerufen wurde, wurde mein Vater, der uns gerade zufällig besuchte, gebeten, die Rolle des Master Crumbs zu übernehmen, was er kurzfristig zusagte. So etwas wie ein Theater gab es in der Old Colonie nie , und ich kann mir die aufgewühlten Gefühle der guten holländischen Bürger vorstellen, wenn sie gewusst hätten, dass ihr geschätzter Mitbürger, Charles Sears, Esq., vom Pier, tatsächlich als Theaterschauspieler auf der Bühne auftrat.

Ein Stück wurde von den Jungen und Mädchen aufgeführt, oder besser gesagt von zwei Jungen und einem Mädchen, Dolly Hosmer, Craze Barlow und mir. Wir führten „Box and Cox" auf, eine kurze Farce, die als Ergänzung zu einem Varieté-Programm produziert wurde.

Die erste Stunde unserer Winterabende im Hive wurde nach allgemeiner Auffassung der jüngeren Generation zugewiesen, und das Geschichtenerzählen wurde regelmäßig zu ihrem attraktivsten Bestandteil. Mr. Dana war einer unserer besten Geschichtenerzähler, und seine Erzählungen waren sowohl lehrreich als auch interessant. In einer längeren Reihe erzählte er uns, teilweise erfunden, von den Anfängen der Dinge, von der Entdeckung und ersten Verwendung von Eisen, der Entwicklung des Bootes, der primitiven Töpferei, des Glases usw.

Ich war nie in Mr. Danas Unterricht, da Griechisch und Deutsch für mich unerreichbar waren, aber ich sah etwas von ihm in der Baumschule und im Obstgarten, wo ich unter ihm arbeitete, da er der Leiter der Obstgartengruppe war. Ich kann nichts Besseres tun, um eine Vorstellung von ihm auf Brook Farm zu vermitteln, als aus Mr. John Thomas Codmans Memoiren zu zitieren:

„Als Charles Anderson Dana sich nach seinem Abschluss an der Harvard-Universität auf der Farm vorstellte, war er ein gebildeter, kultivierter und begabter junger Mann. Er war zielstrebig und von geschmeidiger Statur, und es dauerte nicht lange, bis Mr. Ripley das herausfand und ihm einen Platz ganz vorne gab. Er war etwa vierundzwanzig Jahre alt und interessierte sich für Bücher, Sprache und Literatur. Gesellig, gutmütig und lebhaft gefiel er jedem, mit dem er in Kontakt kam. Er war über mittelgroß, hatte einen hellen Teint und einen vollen, aber gut gestutzten Bart , der kräftig und kastanienbraun war, und sein dickes Haar war gut geschnitten bis mäßig kurz. Seine Gesichtszüge waren recht regelmäßig, seine Stirn hoch und voll und sein Kopf groß. Sein Gesicht war angenehm und lebhaft, und er lächelte und grüßte jeden freundlich. Seine Stimme war klar und melodisch und seine Sprache bemerkenswert korrekt. Er verbrachte einen Teil seiner Zeit gern mit der Arbeit auf der Farm und in der Baumschule, und Sie konnten sicher sein, ihn dort zu finden, wenn er nicht gerade anderweitig beschäftigt war. Obwohl er Spaß und Geselligkeit genoss, behielt er immer eine Würde, die ihm Einfluss verlieh und Respekt einflößte."

Wie alle Welt weiß, erreichte Mr. Dana später in seinem Leben einen hohen Rang unter den großen Redakteuren dieses Landes, und das zu einer Zeit, als Persönlichkeit bei der Führung einer Zeitung viel mehr zählte als heute. Er diente dieser Nation während der Rebellion als stellvertretender Kriegsminister und war einer der Berater, denen Präsident Lincoln in dieser schwierigen Zeit blind vertraute.

Charles Hosmer war ein weiterer erstklassiger Erzähler, dessen musikalische Darbietung beim Rezitieren passender Gedichtausschnitte und anderer Zitate das Vergnügen, seinen Berichten zuzuhören, noch steigerte. Er lieferte uns moderne Versionen der griechischen Mythen und Heldenlegenden, von Kadmus und Theben, von Jason und dem Goldenen Vlies, vom Trojanischen Epos, vom Orakel von Delphi usw.

Einige Jahre nachdem ich Brook Farm verlassen hatte, bekam ich ein Exemplar von Nathaniel Hawthornes „Wonder Book" geschenkt und war überrascht und empört, als ich feststellte, dass der Autor unsere Brook Farm-Geschichten, die uns Charles Hosmer erzählt hatte, tatsächlich übernommen und gedruckt hatte, und das auch noch ohne ein Wort der Quellenangabe. Natürlich sind bekannte Wiedergaben der griechischen Legenden seit Jahrhunderten Allgemeingut für englischsprachige Menschen, aber der unwissende Jugendliche, der sie auf Brook Farm hörte, war fest davon überzeugt, dass das Urheberrecht bei Charles Hosmer lag.

Den jungen Leuten und Kindern wurden nicht nur Geschichten erzählt, sondern sie wurden auch ermutigt, ihre eigenen Talente in dieser Richtung zu entwickeln. Manuel Portales gab einen interessanten Bericht über das Leben der Ureinwohner auf Luzon, und Angus Cameron erzählte uns von den Franzosen und ihren schmalen kleinen Farmstreifen, die an die kanadischen Flüsse grenzten, wobei jeder Bauer ein Küstenrecht haben wollte, und sei es nur ein paar Meter breit.

Unsere Abendgespräche waren oft Monologe, und jeder, der etwas zu sagen hatte, hatte aufmerksame Zuhörer, wenn er interessiert war, sonst nicht. Eine junge Dame, eine bekannte öffentliche Rednerin, kam zu uns und hielt zweifellos eine eloquente Rede über die Rechte der Frau. Nach einer Weile war sie sehr verärgert, als sie feststellte, dass ihre glühenden Worte auf taube Ohren stießen. Unsere Frauen hatten alle Rechte unserer Männer. Sie hatten in unseren öffentlichen Angelegenheiten die gleiche Stimme, wählten unsere Beamten, besetzten verantwortungsvolle Positionen und standen auf genau derselben Stufe wie ihre Brüder. Wenn es den Frauen in der Außenwelt nicht so gut ging, mussten sie sich nur unserer Gemeinschaft anschließen oder andere wie die unsere gründen.

Ein führender Abstinenzler unternahm es, uns über die schrecklichen Übel des Rumtrinkens und die dringende Notwendigkeit der Förderung der großen Sache der völligen Abstinenz zu belehren. Wir waren alle völlige Abstinenzler. Es gab keinen Tropfen Rum auf der Farm. Im aufregenden Leben unserer Gemeinschaft gab es keinen Bedarf an Stimulanzien. Wir hatten keine und wollten keine. Rum war ein Fluch in der zivilisierten Gesellschaft, aber das lag daran, dass die Gesellschaft desorganisiert war. Wenn Reformer kämen und uns helfen würden, die Gesellschaft zu reformieren, würde dieses Übel wie viele andere behoben werden. So kam der beliebte Vortragende nach einer Stunde ernsthafter Rede zu dem Schluss, dass diese Brook Farmers in der Tat sehr unhöflich waren, da sie alle miteinander über Pläne für das neue Phalanstery oder ein anderes ebenso wichtiges Thema sprachen.

Vorlesungen gehörten nicht zu unseren Lieblingsbeschäftigungen. Diese Gleichgültigkeit gegenüber den Attraktionen des Lyceums war umso deutlicher, als es unter unseren eigenen Mitgliedern mehrere angesehene Dozenten gab. In den Jahren 1840-1850 überschwemmte eine Welle des Interesses an dem, was damals als Sozialreform bekannt war, Europa und Amerika, und in den öffentlichen Diskussionen der Zeit waren die Lehren der praktischen Reformer von Brook Farm ständig gefragt. Dr. Ripley, John Dwight, John Allen, Ephraim Chapin, Charles A. Dana und andere wurden zu Vortragsreisen durch die gesamten Nordstaaten eingeladen, und da die meisten dieser Dienste unentgeltlich waren, waren die Kosten für die Gemeinschaft eine schwere Belastung für unsere begrenzten Mittel. Die sozialistische Propaganda war eine Bildungsbewegung von unbestreitbarem Wert, und obwohl die unmittelbar angestrebten Ziele nie verwirklicht wurden und heute aus dem Blickfeld geraten sind, hatte die Agitation dennoch einen dauerhaften Einfluss auf die Erweckung der Intelligenz, gab dem Denken einen Impuls und erweiterte die Liberalität des öffentlichen Geistes.

Oft wurde der lange Speisesaal nach dem Abendessen sofort für eine kleine Unterhaltung geräumt, einen Tanz, an dem jeder teilnahm, und es war immer Ordnung, wenn nichts anderes mehr Aufmerksamkeit erforderte. Miss Russell war eine äußerst tüchtige Tanzlehrerin, und wir alle nahmen Unterricht, vom hageren und grauhaarigen alten General bis zu den Kleinen, die gerade erst ihre Schritte lernen konnten. Es war ein ausgeprägtes Merkmal der Farmer, dass sie sich bei allem, was vor sich ging, an den Händen hielten. Mit unfehlbarer Einmütigkeit bewegten sie sich alle zusammen und strömten wie Vögel in die Richtung, die gerade eingeschlagen wurde, und selbst diejenigen mit der ausgeprägtesten Individualität zogen es vor, den Weg der anderen zu gehen, anstatt allein ihren eigenen Weg zu gehen. Die Einsamkeitsliebhaber, die egozentrischen Leute, die Egoisten und die Erforscher der Geheimnisse ihrer eigenen Seele – Emerson, Hawthorne, Hecker und Margaret Fuller – waren in dieser vereinten Vereinigung fehl am Platz, in der jeder vor allem im Einklang mit dem gemeinsamen Geist sein wollte.

Der Tanz war so selbstverständlich, dass keine Vorbereitungen nötig waren, außer das Wegräumen der Tische und Bänke. Die Musik stand immer bereit, ein Dutzend oder mehr Geiger und Klavierspieler lösten sich gegenseitig ab, indem sie Cotillons , Walzer und Polkas spielten, wobei letztere Tänze gerade in Mode waren.

Neben dem Tanz war eine Form der musikalischen Unterhaltung beliebt. Nach der Umstrukturierung war Mr. Dwight Leiter der Festreihe, und da er und seine Verlobte Mary Bullard in gewisser Weise Profis waren, gab es immer ein musikalisches Programm in Reserve, das jederzeit abgespielt werden konnte. Wir hatten oft angesehene Musiker zu Besuch, die ihr Bestes gaben, da sie wussten, dass ihre Virtuosität anerkannt und geschätzt würde. Carlo Bassini , ein hervorragender Violinist, spielte für uns und fand großen Anklang. Seine Tochter Frances Ostinelli , die mehrere Wochen auf der Farm wohnte , sang ganz wunderbar. Sie hatte eine herrliche Stimme und erlangte später als Madame Biscacianti als Sängerin Berühmtheit.

Die Hutchinson-Familie, einst im In- und Ausland weithin bekannt, heute jedoch weitgehend vergessen, hatte einen One-Night-Stand mit uns, und auch eine Gruppe Schweizer Glöckner erwies uns den gleichen Gefallen.

Der Starkünstler, der uns Jugendlichen mehr gefiel als jeder andere, war Christopher P. Cranch . Er war damals noch kein Profi, da er gerade sein Studium zum Theologen abgeschlossen hatte, aber er war sicherlich ein äußerst erfolgreicher Entertainer. Es gab nichts, was er nicht konnte. Er war ein mehr als begabter Maler, ein süßer Sänger, ein Dichter, ein unglaublich guter Geschichtenerzähler – und wir erkannten einen guten Geschichtenerzähler, wenn wir einen hörten – und er konnte jedes Instrument spielen, von der Orgel bis zur Maultrommel . Was auch immer er in Angriff nahm, er machte es gut und die Bandbreite seiner Leistungen war erstaunlich. Wie Miss Russell bemerkte, grenzte seine Vielseitigkeit an Universalität . Wir mochten und bewunderten Mr. Cranch sehr, und trotz all seiner oberflächlichen Leichtfertigkeit besaß er hervorragende Eigenschaften, die uns Respekt einflößten. In einem alten Schullied heißt es:

„Es gibt viele wahre Winterfreuden,
mit so manchem süßen Vergnügen tollt man in der Schneewehe herum ,
und dann in der Winternacht."

Die vielen Winterfreuden waren alles, was es an solchen Freuden geben konnte, und die jungen Leute, die das Wetter nicht fürchteten, machten das Beste daraus. Die Winternächte im Hive waren ziemlich voller Freuden, und die jüngsten jungen Leute hatten ihren gebührenden Anteil an den Abendfreuden, bis sie um neun Uhr zu Bett gingen, außer bei besonderen Anlässen wie einer Theateraufführung oder einem Konzert mit einer Berühmtheit aus Boston als Hauptattraktion. Der Winter hatte seine Freuden, aber der Sommer war die wirklich freudige Jahreszeit. Es war damals eine große Freude, einfach im Freien zu leben, wie die meisten von uns es den größten Teil des Tages taten. Die Arbeit auf den Feldern mit interessanten Gefährten war ein Beispiel für die sozialistische Doktrin der attraktiven Industrie. Männer und Frauen, Jungen und Mädchen, die durch besondere Vorlieben für die zu erledigende Arbeit in Gruppen zusammengeführt wurden, machten die Arbeit nicht nur leicht, sondern wirklich angenehm.

Auch unsere Freizeitgestaltung war in diesen glücklichen Tagen fast ausschließlich frei von den Beschränkungen von vier Wänden und einer Decke. Wanderungen durch Wälder und Felder, Ausflüge nach Chestnut Hill oder Cow Island, Ruderpartien auf dem Charles River, Ballspiele, sportliche Wettkämpfe, Schwimmwettkämpfe – alles, was die Griechen je taten und mehr, als sie sich je vorstellen konnten. Sogar unsere Mahlzeiten, so angenehm einfach sie auch waren, fanden häufig in Form von spontanen Picknicks auf dem Hügel statt.

Das Zentrum der Sommerfeste war ein natürliches Amphitheater in den wunderschönen Kiefernwäldern. Hier gab es eine kleine, baumfreie Senke, die sich hervorragend als Zuschauerraum eignete , und eine Böschung an einem Ende, die ohne viel Aufwand eingeebnet wurde, bildete eine geräumige Bühne oder, falls erforderlich, ein geeignetes Rednerpult. Hier gab es sehenswerte Theaterstücke und hörenswerte Konzerte. Hier wurden manchmal auch Sonntagsgottesdienste abgehalten, was unsere puritanischen

Nachbarn schockierte. Wenn Dr. Channing jedoch eine heilige Predigt hielt und Mr. Dwights Quartett die gregorianischen Gesänge vortrug, war der Gottesdienst ein angemessener und eindrucksvoller Ausdruck aufrichtiger religiöser Gefühle.

Einige unserer puritanischen Nachbarn nannten uns Ketzer, weil wir nicht an die Verdammnis von Kindern oder eine ebenso nützliche und tröstliche Doktrin des orthodoxen Glaubens glaubten und außerdem Hymnen auf Latein sangen. Das war alles sehr schlecht, sicher, aber wir hielten uns an die Gebote, elf an der Zahl, zehn im Alten Testament und eines im Neuen, und wir behandelten alle Menschen fair. Wir gingen auch in die Kirche, entweder zum Sonntagsgottesdienst zu Hause oder in Theodore Parkers Kirche in Brookline. Allerdings waren sowohl Theodore Parker als auch Dr. Ripley Unitarier, was uns nach Meinung unserer Kritiker nicht sehr half.

Man könnte fast sagen, dass Brook Farm ebenso sehr ein Auswuchs des Unitarismus wie des Transzendentalismus war. Fast alle der ersten Mitglieder waren Unitarier und viele der späteren Mitglieder gehörten demselben Glauben an. Die Gemeinde der unitarischen Kirche in Brookline bestand normalerweise zu einem beträchtlichen Prozentsatz aus Brook Farmers, und manchmal amtierte ein unitarischer Pfarrer von der Farm in diesem heiligen Gebäude. Rev. Dr. Ripley, Rev. John S. Dwight, Rev. George P. Bradford, Rev. Warren Burton, Rev. John Allen und Rev. Ephraim Chapin waren ansässige Pfarrer, und Rev. Ralph Waldo Emerson, Rev. William H. Channing und Rev. James Freeman Clarke interessierten sich sehr für die Vereinigung. Charles K. Newcomb und Christopher P. Cranch , ebenfalls enge Freunde, wurden für den unitarischen Dienst ausgebildet. Dr. Codman spricht in seinen „Erinnerungen" davon, fünf unitarische Geistliche gleichzeitig im Kiefernhain tanzen gesehen zu haben.

Eines der Merkmale unserer Feiertagsaktivitäten war die Prozession, die spontan nach dem Abendessen stattfand, wenn es in den Kiefernwäldern etwas zu sehen gab. Dann fand eine Parade statt, die dem Hochzeitsmarsch der Dorfbewohner in einer altmodischen Oper ähnelte. Bei solchen Gelegenheiten gab es immer eine Art Dekoration, normalerweise Blumen. Die Mädchen trugen Girlanden und Kränze oder Zweige aus Weinreben und Blätterkränze. Angeführt, vielleicht von den Jungen mit Pfeife und Trommel oder von den Mitgliedern der Besetzung, wenn ein Theaterstück aufgeführt wurde, zog die ganze Gemeinde, junge Männer und Mädchen, alte Männer und Kinder, singend von einem Ende des Ortes zum anderen, das heißt vom Bienenstock in der Nähe des Eingangs zum Amphitheater auf der anderen Seite des Hains.

Wenn ein großes Fest gefeiert werden sollte, nahm die Prozession die malerische Würde eines Festzuges an. Ein echtes Festzugsfest liebten wir sehr, aber die Show war zu teuer, um sie mehr als ein- oder zweimal im Jahr aufzuführen. Wir mussten Musiker anheuern, da unsere eigenen zu beschäftigt waren, um zu dienen. Dann kosteten die Kostüme, Banner und Wandbehänge eine Menge Geld, obwohl künstlerischer Einfallsreichtum erstaunlich hilfreich war. Woher all die Pracht kam, war ein Rätsel, die Pracht von Purpur und Gold, die reichen Vorhänge, die feinen Volants, die glänzenden Gewänder und die glitzernden Verzierungen waren wirklich prächtig. Bonico und ich, als Herolde, waren zum Beispiel einmal prächtig gekleidet in weiße Wappenröcke, die mit roten Drachen und Goldstickereien verziert waren, die aus Papier geschnitten und auf weißen Musselin geklebt waren. Für den Festzug wurde eine Menge echter, echter, prächtiger Pracht aus den Kleiderschränken der Familien hervorgeholt, aber der Hinweis auf die Herolde zeigte, wie man mit geringem Aufwand eine Wirkung erzielen konnte.

Das schönste Festspiel, das wir je hatten, wurde nach der Reorganisation von der Festal Series veranstaltet. Es war historisch gestaltet und illustrierte die elisabethanische Zeit in England. Dr. Ripley verkörperte Shakespeare; Miss Ripley Königin Elisabeth in einer Halskrause aus Seidenpapier, die ich mit angefertigt hatte; Mr. Dana Sir Walter Raleigh; Mary Bullard, die schönste unserer jungen Frauen, Maria Stuart, und Charles Hosmer Sir Philip Sidney. Das Programm , das man seiner Mutter damals nach Hause schickte, enthält eine Liste der dargestellten Charaktere, aber sie muss hier nicht weiter zitiert werden.

THE PAGEANT

Die Parade formierte sich auf dem Hügel und marschierte die Straße hinauf zum Pilgrim Hall, hinüber zum Cottage, um den Eyrie herum und den Waldweg hinunter zum Theater. Die ganze Strecke war von Zuschauern gesäumt, die aus Boston und allen Nachbarstädten kamen. Im Wäldchen wurden in einer Reihe historischer Tableaus die Hauptfiguren in bedeutenden Bildern dargestellt, begleitet von altenglischen Balladen und Shakespeare-Liedern. Das Finale war ein majestätisches Menuett, wunderschön getanzt von vier Paaren. Sie waren wochenlang von Miss Russell einstudiert worden und da sie mit der Aufführung mehr als zufrieden war, war sie zweifellos nahezu perfekt. Das Publikum schien dieser Meinung zu sein, denn es weigerte sich, sich zu zerstreuen, bis das Menuett wiederholt worden war.

In der folgenden Saison gab es ein kleineres Schauspiel, bei dem die kostümierten Figuren die Figuren aus Shakespeares Komödie „Ein Sommernachtstraum" waren. Dies war das wichtigste Stück, das jemals im Hain aufgeführt wurde, und als Freiluftaufführung war es noch vor allen ähnlichen Aufführungen in Amerika zu sehen. Ich habe „Ein Sommernachtstraum" seitdem mehrere Male im Freien gesehen, aber die Magie des ersten Eindrucks habe ich nie wieder gespürt.

Bei aller Liebe zur Freizeitgestaltung gab es in unserem Repertoire keine Spiele, bei denen man sitzend spielen konnte. Karten waren unbekannt. Der General spielte angeblich gern eine ruhige Partie Whist in seinem Zimmer, aber wenn er ein Kartenspiel hatte, war es wahrscheinlich das einzige auf der Farm. Soweit ich weiß, gab es keine Vorurteile gegen Karten, Schach oder andere Spiele, aber niemand mochte irgendeine Form der Unterhaltung, bei der zwei oder vier von allen anderen getrennt waren. Ich stelle mir vor, dass sogar das Flirten, die göttliche Einsamkeit zu zweit, durch diese anhaltende Vorliebe für das Zusammensein aller beeinträchtigt worden sein muss.

Der Zauber, der diese sympathischen Gefährten wie ein Magnet anzog, war größtenteils der Charme der allgemeinen Unterhaltung, deren Erinnerung noch immer dort spürbar ist, wo Traditionen von Brook Farm gepflegt werden. Die nie endende Abfolge von Unterhaltungen, besonders im Sommer, wurde von den glücklichen Farmern in vollen Zügen genossen, aber es war die Unterhaltung, der gegenseitige Austausch von brillanten Ideen, der ihnen am meisten Freude bereitete. Nicht die Literatur, nicht das Drama, nicht der Tanz, sondern die Faszination der menschlichen Sprache in ihrer besten Form erregte und hielt ihre Aufmerksamkeit gefesselt. Es ist unmöglich, auch nur die Hauptpunkte dieses Diskurses schriftlich wiederzugeben, der die Atmosphäre von Brook Farm durchdrang, wie elektrische Ströme die Luft in Atemzügen durchdringen. In einem College-Studentenlied gibt es eine Zeile, die einen Hinweis auf eine solche Unterhaltung vermittelt:

„Wir werden heute Abend mit so leichten Herzen
und so fröhlicher und flüchtiger Freude singen
wie die Blasen, die auf dem Rand des Bechers schwimmen und beim Zusammentreffen auf den Lippen zerplatzen."

Die Bläschen, die auf den Lippen zerplatzen, sind nicht mehr zu reparieren. Das Prickeln und Funkeln des Weins kann man nur spüren, wenn das Glas gefüllt ist. Die feine Kunst der Konversation kann nur von erlesenen Geistern perfektioniert werden, deren Herzen leicht sind, deren lebhafter Witz, fröhliche gute Laune und wache Intelligenz ihre Äußerungen geradezu berauschend machen.

Es wurden einige Versuche unternommen, berühmte Gespräche auf Brook Farm aufzuzeichnen, aber die beste Aufzeichnung könnte kaum mehr als ein Scherzbuch sein. Die aufmerksamen Ausrutscher und schnellen Erwiderungen, die flotten Anspielungen und treffenden Zitate, die Übertreibungen, die Absurditäten, die klugen Witzeleien, die eindringlichen

Satiren, die Wortspiele und improvisierten unsinnigen Verse könnten möglicherweise auf Papier festgehalten worden sein, aber den Geist der Fröhlichkeit, der guten Kameradschaft und des gegenseitigen Verständnisses, der Gedanken zum Leben erweckte und Worte zum Singen brachte – den Geist von Brook Farm – hätte keine Schnappschusskamera jemals einfangen können.

Diese Gespräche waren nicht nur zum Spaß. Die glücklichen und unbeschwerten Bauern waren im Grunde ihres Herzens ernsthaft ihren heiligen Zielen verpflichtet. Sie waren von hohen Idealen inspiriert. Edle Vorstellungen und schöne Überzeugungen fanden in passenden Worten Ausdruck. Es herrschte eine brodelnde Fröhlichkeit, die von einer Unterströmung ernsthaften, aufrichtigen Glaubens, Hoffnung und Liebe begleitet wurde.

Im Zusammenhang mit unseren Freizeitaktivitäten muss noch eine Sache erwähnt werden: Auf unseren Feldern wurde nicht gejagt. Die Wälder wurden zu einem Zufluchtsort für Vögel und Kleinwild. Man hörte dort nie Schüsse, und die scheuesten Tiere wussten, dass sie unter Freunden, die sie liebten, sicher waren. Kaninchen ausgenommen . Unter Mr. Hosmers Anleitung fingen wir Jungen fleißig Kaninchen, nicht zum Spaß, sondern um zu verhindern, dass sie das Gelände überrannten. Aus den Fallen wurden sie in den Gehege gebracht und von dort entweder in die Küche oder auf den Markt.

Grauhörnchen machten uns etwas zu schaffen, indem sie das Maisfeld neben dem Wald plünderten, aber ihre Plünderungen waren nicht sehr groß. Ex-Präsident Jefferson hatte in Monticello das gleiche Problem, die Eichhörnchen zerstörten die äußeren Reihen seines Maisfeldes. Sein schwachsinniger Bruder hatte die brillante Idee, die kleinen Räuber schachmatt zu setzen, indem er keine äußeren Reihen anpflanzte. Die Bauern verbesserten diesen Plan, indem sie eine zusätzliche äußere Reihe anpflanzten, von der die grauen Diebe fressen konnten.

KAPITEL VII.
DIE SCHULE

Die Erziehung auf Brook Farm begann im Kindergarten – nur kannten wir ihn nicht. Das Wort stand damals nicht in den Wörterbüchern, und Fröbel kannte man in Massachusetts noch nicht; aber die Grundlagen des Kindergartensystems wurden von unseren Leuten als Reaktion auf eine neue Nachfrage entwickelt und in die Praxis umgesetzt. Die Kleinen, zu alt für die Kinderkrippe und zu jung für die Schule, verlangten eine angemessene Betreuung, während ihre Mütter bei der Arbeit waren. In der Gemeinde wurde durch natürliche Auslese die Person, die am besten geeignet war, eine Aufgabe zu erfüllen, für die Aufgabe ausgewählt. Dies war eines der normalen, wenn auch kaum wahrgenommenen Ergebnisse der Organisation der Industrie. Unter den vielen Arbeitern gab es immer einen, der die zu erledigende Aufgabe besser erledigen konnte als alle anderen, und diesem einen, ob jung oder alt, Mann oder Frau, wurde die volle Verantwortung für die Arbeit übertragen.

Die Person, die am besten geeignet war, sich um diese Kleinkinder zu kümmern, war eine bezaubernde junge Dame, Miss Abby Morton, deren aufrichtiges Interesse an Kindern ihnen stets die Zuneigung der Kinder einbrachte. Miss Morton versammelte ihre Gruppe älterer Babys bei gutem Wetter auf dem Rasen oder unter den Ulmen und zu anderen Zeiten im Salon von Pilgrim Hall. Ihr erstes Ziel war es, sie glücklich und zufrieden zu machen, und zu diesem Zweck erfand und arrangierte sie Spiele, Lieder und Geschichten, ersann kleine Zwischenfälle und sorgte mit nie nachlassender Einfallsreichtum für kleine Überraschungen. Sie lernte ebenso wie sie lehrte und gab ihren Gesangs- und Tanzunterhaltungen allmählich eine zielgerichtete Richtung, sodass sie sowohl effektive Lektionen als auch angenehme Zeitvertreibe waren. Gesundheit und Kraft der heranwachsenden Babys wurden durch geeignete Übungen gefördert, wobei eine gute Haltung und anmutige Bewegungen der kleinen Arme und Beine gebührend berücksichtigt wurden. Höfliches Benehmen und der richtige Sprachgebrauch wurden durch Vorschriften und Beispiele gelehrt. Vor allem aber wurden die jugendlichen Gemüter direkt und indirekt darauf trainiert, sich die Gewohnheit anzueignen, aufmerksam zu sein.

A PIONEER KINDERGARTEN

Die Fähigkeit, aufmerksam zu sein und die ganze Kraft des Geistes auf ein Objekt zu konzentrieren, ist eine angeborene Gabe. Die Männer und Frauen, die mit dieser Gabe ausgestattet sind, sind für eine hohe Karriere bestimmt. Sie gebieten Vertrauen. Sie sind die Führer großer Unternehmungen. Der Erfolg ist ihnen, menschlich gesprochen, sicher. Es gibt auch die Fähigkeit, aufmerksam zu sein und sich der Sinneseindrücke bewusst zu werden. Diese Fähigkeit teilt der Mensch mit den Tieren, die auf der Seinsskala unter ihm stehen, und sie kann sowohl bei Menschen als auch bei Tieren entwickelt werden. Durch die Schulung der Beobachtungsgabe entwickelt sich die Gewohnheit, aufmerksam zu sein, und diese Gewohnheit, obwohl weniger wirksam als die angeborene Gabe, kann so gefestigt werden, dass sie zur zweiten Natur wird.

Was auch immer die Gemeinschaft erreichte oder nicht erreichte, die Brook Farm School leistete einen wichtigen Beitrag zum Bildungsfortschritt, indem sie demonstrierte, wie praktisch es ist, die Gewohnheit der Aufmerksamkeit zu kultivieren. Die Lehrer aller Klassen und Unterrichtsstunden der gesamten Schule bemühten sich unablässig, Aufmerksamkeit zu gewinnen und zu halten. Dies geschah nicht zufällig oder unbeabsichtigt, sondern war ein integrierter Bestandteil des Bildungsplans, intelligent konzipiert und bewusst verfolgt, mit der Absicht, die Schüler darin zu schulen, ihre Gedanken auf die eine Sache vor ihnen zu konzentrieren, bis dies zu einer festen Gewohnheit wurde.

Jahre nachdem die Brook Farm School ihre Pforten geschlossen hatte, wurde ich in eine andere Schule gerufen – die schreckliche Kriegsschule. Das erste Wort, das ich in dieser Schule lernen musste, war der Befehl „Achtung!"

Aufmerksamkeit bedeutet für den Soldaten Leben oder Tod, für die Armee Sieg oder Niederlage. Im Zivilleben trägt sie unschätzbar zum Wohlstand bei, denn die Fähigkeit, sich sofort auf anstehende Angelegenheiten zu konzentrieren, ist eine der wichtigsten Eigenschaften eines erfolgreichen Geschäftsmanns. Und wenn er diese Fähigkeit nicht von Haus aus besitzt, kann sie ihm durch frühes Training zur Gewohnheit werden. Miss Morton begann nicht zu früh, und die Lehrer, die ihr folgten, waren nicht allzu ernsthaft bemüht, diese Gewohnheit tief in die Köpfe ihrer Schüler einzuprägen.

Als meine eigenen Kinder anfingen, sich für Jugendliteratur zu interessieren, fanden sie große Freude daran, immer wieder „The William Henry Letters" und andere Geschichten von Mrs. Abby Morton Diaz zu lesen. Als ich nachfragte, war ich sehr erfreut zu erfahren, dass Mrs. Diaz unsere Abby Morton vom Brook Farm Kindergarten war. Es war kein Wunder, dass sie Briefe und Geschichten schreiben konnte, die Kinder ansprachen. Ihr Verständnis und ihre Sympathie brachten sie in engen Kontakt mit ihnen. Sie kannte ihre Gedanken und Herzen, ihre Vorlieben und Abneigungen, und was sie über sie und für sie schrieb, akzeptierten sie, da sie wussten, dass jedes Wort naturgetreu war. Es ist auch zu beobachten, dass sie in ihren Schriften immer noch daran festhält, ihren jungen Lesern die Notwendigkeit zu verdeutlichen, sich schon früh die Gewohnheit anzueignen, aufmerksam zu sein.

Brook Farm war praktisch eine Industrieschule, obwohl sie nicht so genannt wurde. Ich hörte von dieser Schule zum ersten Mal, dass Unterricht in den angewandten Künsten regelmäßig als Teil des Lehrplans angeboten wurde. Die schönen Künste wurden damals nicht sehr ausführlich unterrichtet, und wir hatten nur Literatur, Zeichnen, Musik und Tanzen. Diese vier Fächer waren mit guten Lehrern gut ausgestattet, und alles, was die Schule versprach, wurde gut gemacht, aber ihnen wurde nicht annähernd so viel Zeit eingeräumt wie den Industriekünsten. Von jedem Schüler, der alt genug zum Arbeiten war, wurde erwartet, dass er jeden Montag und Dienstag und jeden Donnerstag und Freitag zwei Stunden unter der Aufsicht eines Lehrers in den Werkstätten auf dem Bauernhof, im Garten oder im Haushalt arbeitete. Die Schüler konnten ihre Arbeit selbst wählen und mit Zustimmung des Lehrers den Beruf wechseln. Niemand war verpflichtet, den Industriekurs zu belegen, aber nur sehr wenige lehnten ab, und selbst die aristokratischen Spanier nahmen die Arbeit wie brave Kerle an. Faulenzen war nicht in Mode.

Eine Zeit lang arbeitete ich jeden Tag vier Stunden in der Woche. Cedar wurde für geeignet befunden, als erster Assistent des Präsidenten zu arbeiten – im Kuhstall. Da die Pflege der Kuh als unangenehme Pflicht angesehen wurde, übernahm Dr. Ripley sie selbst, genau wie Mrs. Ripley das Schrubben des Küchenbodens übernahm. Mrs. Ripley hatte noch andere Kleinigkeiten zu erledigen, die allgemeine Aufsicht über die Mädchen, Griechischunterricht, die Unterhaltung angesehener Gäste, das Schreiben geistreicher Musicals für die Festserie usw., aber den Boden hielt sie trotzdem sauber.

In meinem ehrenwerten Amt trat ich die Nachfolge von Nathaniel Hawthorne an. Der Präsident und Cedar standen um 5 Uhr morgens auf, fütterten und melkten 18 oder 20 Kühe und räumten den Stall auf. Wir badeten, zogen uns an und frühstückten um 8 Uhr. Um 9 Uhr war Dr. Ripley in seinem Büro und ich im Schulzimmer. Am Abend widmeten wir uns noch zwei Stunden den Kühen. Ich mochte die Arbeit, mochte die Kühe und war besonders gern mit Dr. Ripley zusammen. Sein schmeichelhafter Bericht, dass Cedar wie ein Fluss melken konnte, sicherte mir den Höchstlohn von zehn Cent pro Stunde, sodass ich mit etwa zwölf Jahren fast genug verdiente, um die Kosten für Unterkunft und Verpflegung zu decken.

Die Melkerinnen kamen zwangsläufig zu spät zum Frühstück und Abendessen, und diese Mahlzeiten nahmen wir mit den Kellnern ein, der angenehmsten Gesellschaft im Speisesaal. Dr. und Mrs. Ripley waren reizende Tischnachbarn, und die aufgeweckten Mädchen waren fröhlich wie glückliche Kinder. Vielleicht füllte Cedar Hawthornes Platz bei Tisch nicht ganz so gut aus wie im Stall, aber das ließ sich nicht erahnen. Es war angesagt, den gegenwärtigen Moment optimal zu nutzen. Zurückzublicken war nicht angesagt.

Nathaniel Hawthorne war eines der ersten Mitglieder, die der Gemeinschaft beitraten, und eines der ersten, die sie verließen. Er dachte, er könne etwas Besseres tun, als seine Zeit und Energie damit zu verbringen, einen Misthaufen mit einer Mistgabel umzugraben. Und er tat es auf jeden Fall, für sich selbst und für die Welt.

Ich wurde mehr als einmal gefragt, ob der berühmte, poetische und romantische Hawthorne tatsächlich die Schweine auf der Brook Farm gefüttert hat. Meine Antwort ist, dass ich es nicht weiß, da ich während seines Aufenthalts nicht dort war, aber ich glaube, er hat es nicht getan, und zwar deshalb, weil es keine Schweine zu füttern gab. Die Vermutung könnte aus einer Passage in seinen Anmerkungen stammen, in der er davon spricht, mit Reverend John Allen loszugehen, um einen Wurf Schweine zu kaufen. Minot Pratt, unser Chefbauer, hatte irgendeine Art von Interesse an einem Grundstück auf der anderen Seite des Bachs, und vielleicht gab es dort einen Schweinestall, aber falls es einen auf unserem Grundstück gab, wussten die scharfäugigen jungen Leute nichts davon, da sie jeden Kaninchenlauf im Wald und jedes Schwalbenloch in den Sandbänken kannten. Viele der Bauern waren Vegetarier und die meisten von ihnen hatten eine hebräische Abneigung gegen Schweinefleisch. Dieses Gericht kam nie auf den Tisch, außer bei den gebackenen Bohnen, die immer sonntags serviert wurden; Mutter Rykeman schafft es, einen Vorrat an Futterkleie für den Bohnentopf vorrätig zu haben .

Hawthorne hegte freundliche Erinnerungen an Brook Farm und diese in der Blithedale Romance verkörperten Erinnerungen zeigen sein warmes und anerkennendes Interesse am Leben der Gemeinde. Ich kann in den Darstellungen der Blithedale- Charaktere nichts finden, das der Porträtmalerei ähnelt, die andere entdeckt haben. Es werden persönliche Merkmale erwähnt, die an Dr. Ripley, Georgiana Bruce, Orestes Brownson und andere erinnern, aber diese Hinweise sind nicht eindeutig genug, um sie mit den Personen des Buches zu identifizieren. Was die Annahme betrifft, dass Margaret Fuller als Vorbild für Zenobia diente, so scheint mir das so weit hergeholt , dass es fast absurd ist.

Hawthorne besuchte Brook Farm gelegentlich, und ich erinnere mich, ihn, einen großen, gutaussehenden Mann, gesehen zu haben, wie er den Hügel auf und ab ging oder allein unter der großen Ulme saß. Er war damals noch nicht berühmt und erregte auch nicht die Aufmerksamkeit einer Berühmtheit.

Meine industrielle Ausbildung beschränkte sich nicht auf den Kuhstall. Zu verschiedenen Zeiten arbeitete ich im Gewächshaus mit John Codman, auf den Feldern und Wiesen mit allen anderen und im Obstgarten und in der Baumschule mit Mr. Dana. Einmal saßen Lehrer und Schüler auf dem Boden und trieben Pfirsichsetzlinge aus, als ein Fremder auf sie zukam und eine Anhörung verlangte. Gerrish hatte ihn herausgebracht und ihn an Vizepräsident Dana als die Autorität verwiesen, die er konsultieren sollte. „Freie Meinungsäußerung hier ", sagte der Vizepräsident, ohne von seiner Arbeit aufzusehen.

Der Besucher verkündete freimütig, dass seine Mission darin bestehe, Seelen zu retten, und dass er eine warnende Botschaft an die Sünder zu überbringen habe, die in Gefahr seien, ewige Strafe zu erfahren. Er wollte die Menschen zusammenrufen, um sie vor dem Schrecken des kommenden Zorns zu warnen.

„Unsere Leute müssen nicht gerufen werden. Sie kommen jeden Abend zusammen, ohne zu telefonieren.“

„Kann ich heute Abend die Gelegenheit haben, zu ihnen zu sprechen?“, fragte der Missionar.

„Das können Sie“, sagte Mr. Dana, immer noch beschäftigt, „aber manchmal hören sie einfach nicht zu. Ich sage Ihnen was: Wenn Sie in der Lage und willens sind, eine vernünftige, altmodische Predigt mit glühenden Flammen und Schwefel zu halten, werden Sie ein Publikum bekommen. Ich würde gern noch einmal eine richtige Kracherpredigt hören.“

Der Missionar fühlte sich dadurch alles andere als ermutigt und suchte eilig nach Gerrish und trat mit dem ehrenwerten Fuhrmann die Rückreise nach Boston an.

Wie recht hatte der weise alte Dogberry mit seinem Diktum, dass Lesen und Schreiben von Natur aus gegeben sind. Die Natur begünstigt sicherlich einige Sterbliche, aber anderen gegenüber ist sie nicht so großzügig. Ich war einer von ihnen. Meine Schwester Althea fing das Lesen vom Boden des Kinderzimmers auf, der mit unseren Bauklötzen und Bilderbüchern übersät war. Sie brauchte keine Lektion in Websters First Reader, aber Juferouw Van Antwerp hatte ihre eigenen Probleme, zumindest einem ihrer kleinen Jungen die Geheimnisse von a, b, ab und c, a, t, cat zu erklären. Althea konnte ganz passabel schreiben, während ihr langsamer Bruder noch mit Topfhaken und

Kleiderbügeln kämpfte. Sie konnte immer richtig buchstabieren, ohne ein Buch zu benutzen, während für mich die Buchstabierstunde die schwerste aller Aufgaben war. Ihr Unterricht auf der Farm war einfach und leicht – meins schwer und schwierig.

Ein Vorteil der hohen Position als Assistent des Präsidenten war, dass Cedar zwei freie Stunden hatte, während die anderen Schüler ihre industriellen Kunststücke vorführten. Diese Stunden waren dem Lernen gewidmet und sie wurden sicherlich gebraucht. Die handwerkliche Ausbildung lag vielleicht in der Natur und im industriellen Kurs machte ich rasche Fortschritte, aber im Übrigen war Miss Ripleys Bemerkung, dass Cedar kein „schlauer" Schüler war, gerechtfertigt. Die stetige holländische Beharrlichkeit kompensierte jedoch etwas den Mangel an Aufmerksamkeit und der stumpfe Junge lernte seine Lektionen ziemlich gut, wenn auch auf Kosten geduldiger Arbeit. Bei diesen Arbeiten außerhalb der Schule wurde ich ständig von freundlichen Lehrern unterstützt. Diese hilfsbereiten Lehrer waren mehr als bereit, einem Schüler zu helfen, der versuchte, voranzukommen, und widmeten mir während der vier Jahre, die ich bei ihnen war, viele Stunden ihrer kostbaren Freizeit, um einem Schüler zu helfen, der zwar nicht „schlauer" sein konnte, aber dankbar sein konnte, wie er es immer war.

Die Unterrichtsräume befanden sich im Cottage, in der Pilgrim Hall und in Dr. Ripleys Bibliothek. Wir hatten fünf Minuten Zeit, um von einer Klasse zur nächsten zu gehen, aber das war auch schon alles. Der Tag war nicht lang genug für alles, was wir tun wollten, und pünktlich zu sein war eine absolute Notwendigkeit; im Unterricht, beim Essen, bei der Arbeit, beim Spielen, überall und immer war Pünktlichkeit per Regel vorgeschrieben und durch den Druck der Umstände erzwungen. Es gab keine Hast, die den gleichmäßigen Lauf des Weges hätte stören können, aber es ging kein Augenblick verloren, und obwohl jede Bewegung schnell war, gab es keine Fehlstarts. Ungeteilte Aufmerksamkeit wurde der gerade anstehenden Angelegenheit gewidmet, und wenn diese erledigt war , wurde sofort die nächste Sache auf die gleiche effiziente Weise in Angriff genommen, als ob man ein Buch zuklappen und ein neues aufschlagen würde.

Die Schularbeiten wurden, soweit möglich, im Freien erledigt. Lehrer und Schüler waren, wie alle anderen auf der Brook Farm, gern im Freien. Wir lebten so oft im Freien, dass es uns lästig war, im Haus eingesperrt zu sein. Den ganzen Sommer lang fand der Unterricht im Amphitheater, unter den Ulmen, auf den felsigen oder grasbewachsenen Hängen des Hügels statt. Natürlich gab es viele Unterrichtsstunden, die nur in Klassenzimmern abgehalten werden konnten, aber Rezitationen, Prüfungen und geistige Übungen wurden im Allgemeinen in Bereiche jenseits der Schwelle verbannt. Botanik, Geologie, Naturgeschichte und das, was damals Naturphilosophie genannt wurde, wurden zwischen den Felsen, in den Wäldern und auf den Feldern mit Abbildungen aus der Natur unterrichtet.

Im Winter musste die Schule in geschlossenen Räumen bleiben, aber außer bei stürmischem Wetter konnten wir einen großen Teil des Himmels sehen. Das Studium der Sterne, während die ganze Bevölkerung des Ortes im Schnee herumstand, während Dr. Ripley über die Sternbilder sprach – das war in der Tat eine unvergessliche Lektion im Freien. Eine solche Lektion kann mit Kälte verbunden sein, aber wir waren robust und niemandem wurde durch einen leichten Temperaturabfall bis zur Frostgrenze Schaden zugefügt, weder im Moment noch danach.

Bäume und Pflanzen wurden in den Wäldern und auf den Feldern studiert. Die Botanikklasse machte Exkursionen und sammelte Proben der Flora auf der Farm und in der Nachbarschaft, wobei nebenbei auch Vorträge gehalten wurden. Geologieunterricht wurde auf den Felsen erteilt, mit dem Hammer in der Hand. Vögel und die Tierwelt der Gegend lernten wir aus nächster Nähe kennen. Sie waren zahm und freundlich, wurden beschützt, gepflegt und nie gestört, und wir lernten ihre Lebensweise, Gewohnheiten und Charaktereigenschaften durch engen Kontakt kennen. Freundlichkeit gegenüber Tieren wurde zuerst, zuletzt und immer gelehrt und praktiziert, und jedes Lebewesen, vom Ochsen am Pflug bis zur Schwalbe, die auf der Sandbank baute, war sanft und furchtlos.

Das einzig Grausame, was wir je getan haben, war, mitten in ein Ameisennest im Kiefernwald zu hauen. Unser Naturkundeklub, dem sowohl alte als auch junge Leute angehörten, hat einmal eine recht gründliche Studie über Ameisen durchgeführt, und um eine Lektion zu veranschaulichen, stieß John Cheever einen Spaten durch die Mitte eines Nestes und schaufelte die Hälfte davon weg. Es gab mehrere dieser Nester in den Kiefern, jedes bestand aus einem Sandhaufen, der etwa zwei Fuß hoch und an der Basis vielleicht einen Yard breit war, und die Struktur, die wir untersuchten, war voller Kammern und Gänge, die, wie wir feststellten, auch etwa einen Fuß unter die Erde reichten . Die Zerstörung des Ameisenhügels wurde von einigen der gewissenhaftesten Studenten bedauert, aber die Ausstellung vermittelte uns mehr echtes Wissen über die Arbeitswelt, die Lebensgewohnheiten, die Architektur, das Geschick und die Intelligenz der Formicidae , als wir auf irgendeine andere Weise erfahren konnten. Wir waren ungemein an diesen Ameisenstudien interessiert und kauften alle Bücher darüber, die wir finden konnten. Später habe ich selbst ein kleines Buch zusammengestellt, in dem ich die Ergebnisse unserer Untersuchungen zusammenfasste, die wir in Vorträgen bei Clubtreffen, Experimenten und Vorlesungen bzw. Vorträgen von Herrn Hosmer über die wunderbaren Werke der Formicidae dargelegt haben. Die Veröffentlichung dieses Buches markierte meinen ersten Auftritt in der Literaturwelt.

Charles Hosmer war ein geborener Naturforscher. Jede Lebensform interessierte ihn außerordentlich. Auf unseren Spaziergängen sah er alles, was es zu sehen gab. Seine Beobachtungsgabe war nicht nur aufmerksam, sondern auch genau und präzise. Er schien jede Pflanze, jedes Insekt, jeden Vogel und jedes Tier auf der Farm zu kennen und hatte uns über alles, was unsere Aufmerksamkeit erregte, etwas Wertvolles zu erzählen.

Der Unterricht beschränkte sich nicht nur auf das Lernen im Unterricht. Außer in den Stunden, in denen die Schüler sich selbst überlassen waren, war immer ein Lehrer oder Erziehungsberechtigter anwesend, der die Schüler in die richtige Richtung lenkte, die Disziplin aufrechterhielt, indem er ihnen die grundlegende Pflicht auferlegte, genau aufzupassen, und ihnen Informationen über das jeweilige Thema vermittelte.

Als Beispiel sei erwähnt, dass Minot Pratt in den Anfangsjahren der Chefbauer war und sich als guter Bauer erwies. Er vollbrachte nicht nur Wunder mit dem kargen Boden des Ortes, sondern kümmerte sich gleichzeitig auch sehr um seine Industrieklassen. Die Jungen und Mädchen, die sich entschieden, mit Minot Pratt auf den Feldern und in den Gärten zu arbeiten, erhielten viele wertvolle Lektionen in Botanik, Agrarchemie und dem Pflanzen, Kultivieren und Ernten von Feldfrüchten.

Fourierite Phalanx umstrukturiert wurde . Ihr Nachfolger wurde John Codman, der im Rahmen der neuen Ordnung zum Leiter der Landwirtschaftsabteilung ernannt wurde. Diesen Posten bekleidete er mit herausragender Kompetenz während der verbleibenden Jahre des Bestehens der Gemeinschaft. Die Codmans waren wichtige Mitglieder der Phalanx, die in der Verwaltung der Angelegenheiten verantwortungsvolle Positionen einnahmen und die praktische Umsetzung christlicher Prinzipien im Alltagsleben voll und ganz demonstrierten . Sie waren die letzten, die den Ort verließen, und blieben zurück, um die traurige Aufgabe zu übernehmen, die Einzelheiten der endgültigen Regelungen zu regeln.

Eine Zeitlang arbeitete ich im Blumengarten und im Gewächshaus mit einem der Codman-Jungen, den ich Baas nannte, da er mein Ältester und mein Vorgesetzter im Anbau von Pflanzen, Sträuchern und Blumen für den Markt war. Der wirtschaftliche Wert der Tierfreundlichkeit zeigt sich in unserem täglichen Einsatz eines preisgekrönten Bullen als Zugtier, um den Karren zum Transport von Mist zu ziehen, den Grubber im Garten zu ziehen und ähnliche Aufgaben zu erledigen. Er war ein prächtiges Geschöpf, ein Geschenk von Francis George Shaw, und in den meisten Jahreszeiten so sanft und fügsam, dass der Baas auf seinem Rücken zwischen Scheune und Garten ritt.

Mittwochs und samstags waren nicht nur für die Schule, sondern für die ganze Gemeinde halbe Feiertage. Mittwochs und samstags war der ganze Ort ein Fest . Die Arbeit wurde bis auf die einfachen Haushaltspflichten und die Pflege der Tiere eingestellt, und die Stunden wurden dem Vergnügen gewidmet. Die Schüler durften tun, was sie wollten, und manchmal gefiel es uns Jungen, in einer Höhle hinter dem Eyrie Räuber, Banditen und Schmuggler zu sein. Hier konnten wir ein Feuer machen, unter der Bedingung, dass anderswo nie ein Feuer gemacht werden durfte. Diese dunkle und düstere Höhle nahm viele Jahre lang einen auffälligen Platz in meinen Erinnerungen an Brook Farm ein, bis ich später im Leben meine Tochter mitnahm, um den alten Ort zu besuchen, als aufgeblasener Stolz einen schlimmen Sturz erlitt. Als wir zur Höhle kamen, traute ich meinen eigenen Augen kaum. Diese geräumige Diebeshöhle , dieser Zufluchtsort dreister Gesetzloser, war eine Spalte zwischen zwei großen Felsbrocken. Man konnte hineinkriechen und sich umdrehen, das war so ziemlich alles. Es muss ganz sicher geschrumpft oder aufgefüllt oder zusammengezogen sein oder so etwas, es war ja nur eine armselige kleine Höhle von der Größe eines Quart-Topfes.

Es gab einen anderen Felsbrocken, der mir bei derselben Gelegenheit einen besseren Dienst leistete, indem er mir ermöglichte, den Ort zu identifizieren, an dem Pilgrim Hall gestanden hatte. Dieser von den vielen großen Felsen, die überall verstreut waren, befand sich direkt vor Pilgrim Hall, und ich erkannte ihn an einem bestimmten kleinen Beutel oder einer kleinen Tasche neben dem Boden auf seiner Südseite; ein Umstand, an den ich mich erinnern musste, da er mich Geld kostete. Die Schüler der Schule bekamen wöchentlich eine Kleinigkeit Geld, die wir ausgeben konnten, wie wir wollten. Gelegentlich gingen wir auf die Straße und kauften Orangen oder Kochbananen – Bananen – selten Süßigkeiten, da die wie ein Barbierpfosten gestreiften Bonbonstangen in einem Glasgefäß am Ende der Ladentheke nicht sehr verlockend waren. Oft legten wir, Jungen und Mädchen, gemeinsam unsere Pennys zusammen und beauftragten Gerrish, ein Buch zu kaufen, das wir wollten, oder vielleicht ein Stück Schmuck für die Festdekoration.

Es gab einen Jungen, der sich nicht an unseren finanziellen Unternehmungen beteiligte. Was er mit seinem Geld machte, wussten wir nicht, aber wir sahen keinen Cent davon. Er war durchaus bereit, unsere Leckereien zu teilen, behielt sein Geld aber sorgfältig in seinen eigenen Händen. Eines Tages, als wir vor der Pilgrim Hall „Drei alte Kater" spielten, verloren wir den Ball und suchten vergeblich danach. Steediwink , wie einer der älteren Jungen umgangssprachlich genannt wurde, tastete am Fuß des oben erwähnten Felsbrockens herum und fand ein Loch im Felsen, in das er seine Hand steckte. Am anderen Ende des Lochs befand sich eine Art Regal und darauf war ein Haufen Kleingeld aufgetürmt. Wenn jeder wüsste, wessen Schatz wir geöffnet hatten, nannte niemand Namen und der Fund wurde sofort zugunsten der Festivalkasse konfisziert.

Einige Tage später sagte Mr. Hosmer in seiner Abendansprache an die Kinder sehr bedeutungsvoll, dass einer der Schüler eine Geldsumme verloren hatte und bat uns, sie zu finden und ihm zu bringen, damit er sie dem rechtmäßigen Besitzer zurückgeben könne. Wir brauchten unser gesamtes Taschengeld mehrere Wochen lang, um den benötigten Betrag zusammenzubekommen, aber schließlich wurde das verlorene Geld gefunden, und Mr. Hosmer dankte uns, wiederum sehr bedeutungsvoll, dafür, dass wir ihm geholfen hatten, eine ziemlich schwere Rechnung zu begleichen. Der geizige Junge war natürlich für seine Sparsamkeit zu loben, aber er war nicht von unserer Art und blieb nicht lange in unserer Gesellschaft. Er kümmerte sich um seine Pence und seine Pfunde kümmerten sich von selbst, zweifellos in seinem späteren Leben, aber das ist nur eine Vermutung, da er einer der wenigen war, den wir anderen nicht im Auge zu behalten versuchten, nachdem Brook Farm eine Sache der Vergangenheit war.

KAPITEL VIII.
SONSTIGE DINGE

John Cheever war unser exzentrischer Charakter; kein Spinner, kein Egoist, kein Enthusiast und kein Sozialist, sondern einfach ein schlichter, gutmütiger, scharfsinniger Ire, der aus irgendeinem Grund gern auf der Farm lebte. Er trat nie der Vereinigung oder der Phalanx bei, sondern blieb einfach als ständiger Kostgänger dort. Er war der Nachrichtensprecher und der allgemeine Klatsch des Ortes, ging von Haus zu Haus und von Gruppe zu Gruppe, arbeitete ein bisschen hier und ein bisschen dort, wie es ihm gefiel, und hatte immer etwas Interessantes oder Amüsantes zu erzählen, wobei sein Dialekt seinem stets bereiten Scherz eine komische Wendung verlieh. Er beteiligte sich nicht an den regulären Aktivitäten, außer wenn es sein Humor verlangte, und war dennoch eine sehr beschäftigte Person und in vielerlei Hinsicht sehr hilfreich. Wenn es eine ungewöhnliche Arbeit zu erledigen gab, war es John Cheever, der sie erledigte, und insbesondere bei der Vorbereitung von Unterhaltungen war er der Handwerker der Festserie, Bühnentischler, Kulissenschieber, Türsteher, Maler und Hilfsarbeiter auf der Bühne. Obwohl er keiner Industriegruppe angehörte, übernahm er gewisse Aufgaben, die er nie vernachlässigte. Im Winter kümmerte er sich nachts um die Feuer und machte bei jedem Wetter mit treuer Regelmäßigkeit die Runde vom Hive zum Eyrie, zum Cottage und zum Pilgrim Hall. Als Brennstoff waren wir hauptsächlich auf Torf angewiesen, oder Torf, wie John Cheever ihn nannte, und um die Räume mit diesem minderwertigen Brennstoff warm zu halten, mussten die Feuer alle fünf oder sechs Stunden neu entfacht werden.

Eine weitere von John Cheever selbst auferlegte Aufgabe war die Betreuung von Spinnern. Obwohl er selbst etwas eigenartig war, konnte er mit Sonderlingen – komischen Leuten und dergleichen – nichts anfangen und hielt scharf nach merkwürdigen Fremden Ausschau. Diese kamen in ständiger Folge auf die Farm; Reformer von allem Möglichen; Fanatiker, die die sofortige Übernahme ihrer nebulösen Theorien forderten; geistige Außerirdische, die nicht ganz verrückt, aber ziemlich nah dran waren; Egoisten, die wild darauf waren, bemerkt zu werden, Freaks und Fakire und Schwindler aller Art und, am schlimmsten von allen, Wracks der Menschheit, die Zuflucht vor den Schleudern und Pfeilen des unverschämten Schicksals suchten. John Cheever machte es sich zur Aufgabe, sich um diese Kreaturen, alle möglichen und unterschiedlichen, zu kümmern. In dem Moment, als Gerrish einen aus dem Stamm beim Hive an Land zog, entdeckte ihn der Wächter sozusagen und schaffte es sofort, ihn von dem Ort wegzulotsen.

Gerrish einen Kerl in den Hive, der der nach dem Abendessen im Salon versammelten Versammlung verkündete, er habe eine Methode entdeckt, ohne Schlaf zu leben. Schlaf sei unnötig, eine Gewohnheit, die man überwinden könne, und es sei ihm gelungen zu zeigen, dass man auch ohne diese unnötige Zeitverschwendung gut leben könne. Er hatte seit über einem Jahr nicht geschlafen und hatte sich vorgenommen, in den kommenden Jahren hellwach zu bleiben.

Es kann als selbstverständlich angesehen werden, dass John Cheever ein Auge auf diesen Kerl hatte. Er wurde wie ein bevorzugter Gast behandelt, sein Gastgeber akzeptierte seine Theorie und setzte sie noch am selben Abend mit ihm in die Praxis um. Gegen Morgen machte er es sich mit einem interessanten Buch in der Bibliothek gemütlich, um sich eine Stunde zu vertreiben, während sein Entertainer seine Runde machte, um sich um die Brände zu kümmern. Als der Feuerwehrmann in die Bibliothek zurückkehrte, fand er den Theoretiker tief schlafend in Dr. Ripleys großem Sessel. John Cheever schüttelte den Mann kräftig und bat ihn höflich, nicht so laut zu schnarchen , da er die Familie störe. Danach blieb dem Schlaflosen nichts anderes übrig, als zu warten, bis Gerrish ihn wegbrachte.

Bonico und ich fingen bald darauf einen weiteren Fakir, allerdings eher aus Versehen als mit Absicht. Dieses Exemplar war ein Genie, das von der Überzeugung beseelt war, dass Kochen die Quelle aller Übel ist, die dem Fleisch innewohnen. Er belehrte uns über die Torheit, gekochte, gebratene und getoastete Speisen zu essen, und erklärte, dass wir uns von den Produkten der Natur ernähren müssen, so wie sie sie uns gibt, genau wie andere Tiere. Die Natur bietet uns ein reichhaltiges Angebot an Getreide, Früchten, Nüssen und Wurzeln, und es ist unsere Aufgabe, diese Dinge nicht durch Feuer zu verändern, sondern sie so zu nehmen, wie sie uns angeboten werden.

Wie bereits erwähnt, war unsere Kost recht einfach, und nach unseren spärlichen Mahlzeiten blieb auf den Tischen nur wenig übrig, das weggeräumt werden musste. Die kleinen Reste von Essensresten und Krümeln, die übrig blieben, wurden auf ein großes Tablett gekehrt und vor die Küchentür gestellt . Mein Kumpel und ich mussten abends rausgehen und dieses Tablett zum Hühnerstall hinter der Scheune bringen. Wir hatten den Ernährungsreformer ein oder zwei Tage lang hier herumlaufen sehen, wie er ständig Weizen kaute, den er in einer Tasche trug, die auffällig an seinem Gürtel hing. Er kam nicht ins Esszimmer und nahm auch keine regelmäßigen Mahlzeiten ein, da er behauptete, durch den rohen Weizen, den er so fleißig kaute, ausreichend ernährt zu sein. Wir hatten ihn nicht besonders bemerkt – niemand schenkte prätentiösen Modefanatikern viel Beachtung –, aber als wir eines Abends zur Hintertür gingen, um die Hühner zu füttern, erkannten Bonico und ich den Weizenfresser, wie er sich über das Tablett beugte und eifrig alle möglichen Stückchen aufsammelte, die er zu essen finden konnte. Er war so in diese Beschäftigung vertieft, dass wir ihn nicht störten, sondern uns leise davonschlichen und den Fall John Cheever meldeten. Dieser Hüter des Friedens trottete sofort in die Küche, nahm einen Teller mit Essen und eilte zum Diätreformer, wobei er ausrief: „Hier ist Ihr Abendessen! Auf der Brook Farm muss niemand hungern." Das war das letzte Exemplar dieses besonderen Exemplars; aber es gab noch andere, so viele andere, dass sie unerträglich gewesen wären, wenn wir nicht so wachsam gewesen wären, um uns vor allzu lästigen Invasionen zu schützen.

John Cheevers am meisten geschätzter Dienst an der Gemeinschaft war die Ergänzung unserer spärlichen Speisekarte um irischen Haferbrei. Er mochte Bier und Schwarzbrot genauso wenig wie ich und zu seiner eigenen Zufriedenheit schrieb er an Freunde in der alten Heimat, sie sollten ihm eine Sendung irischen Haferbrei schicken. Zu gegebener Zeit lieferte Gerrish 100 Pfund dieses neuen Futters, versiegelt in Blechdosen. Es war ein so überraschend gutes Frühstück, dass wir diese Blechdosen in kürzester Zeit verzehrten. Sofort wurde eine größere Menge bestellt und von da an stand Haferbrei ständig auf dem Frühstückstisch. Wir stellten bald fest, dass der Inhalt einer Dose sehr schnell ranzig wurde, wenn man sie öffnete; und daraufhin suchte Glover Drew eine Getreidemühle auf, die unseren eigenen Hafer für uns mahlte. Da Glover Drew mehr produzierte, als wir brauchten, versuchte er, einen Markt für den Überschuss zu finden, aber niemand wollte ihn haben, egal zu welchem Preis.

John Cheever war der einzige Mensch in ganz West Roxbury, der mit meiner Schwester und mir in der schwersten Prüfung, die wir als Kinder je erlebten, Mitgefühl hatte. Die Brook Farmers und alle ihre Nachbarn ignorierten Weihnachten. Sie wussten nichts und kümmerten sich nicht um diese wunderbare Zeit der Freude für die Kleinen und konnten nicht im Geringsten verstehen, wie es sein konnte, dass Althea und ich durch eine so unbedeutende Kleinigkeit wie die Vernachlässigung eines alten und vergessenen Brauchs so schwer verletzt wurden. John Cheever verstand es. Er war Katholik und obwohl er überhaupt nicht fromm war, hielt er dennoch die heiligen Bräuche der Kirche hoch. Er war es, der uns erklärte, dass die Puritaner in Neuengland alles und jeden, was nach dem schmeckte, was sie als Papsttum bezeichneten, bitter feindlich gegenüberstanden und fehlgeleiteten Elenden, die es wagten, Respekt vor alten Glaubenssätzen zu zeigen, schwere Strafen auferlegten. Er sagte, dass das General Court von Massachusetts ein Sondergesetz gegen die Einhaltung von Weihnachten erlassen hatte und die Übertreter, die es wagten, dieses papistische Fest zu feiern, mit Geld- und Gefängnisstrafen belegte. Es war das Unglück der Brook Farmers und nicht ihre Schuld, dass der Geburtstag von Bethlehem für sie nicht mehr bedeutete als der Judas-Tag oder das Laubhüttenfest.

In der Old Colonie war Weihnachten der große Tag des Jahres für Kinder. Wir hatten keinen Weihnachtsbaum, aber wir hatten die Bethlehem-Krippe in der niederländischen Reformkirche am Fuße der hohen Kanzel und des Pfarrers . Bogardus erzählte uns die Geschichte vom Geburtstag unseres Herrn in einfachen Worten, die wir alle verstehen konnten. Früh am Morgen liefen wir ins Wohnzimmer, wo unsere Strümpfe, die der Weihnachtsmann mit Weihnachtsgeschenken gefüllt hatte, am Kaminsims hingen, und weitere lagen auf dem Tisch für unsere Freunde und arme Familien. So nannte es ein überschwänglicher Schriftsteller einmal den „glückseligen und lautstarken" Beginn des Tages.

Am Nachmittag gingen die Jungen mit Geschenken ins Ausland, und die Mädchen hielten zu Hause Tag der offenen Tür ab und empfingen Besucher, die weitere Weihnachtsgeschenke mitbrachten. Am Abend fanden Kinderfeste statt, bei denen die Wallonen traditionelle Spiele aus der alten Heimat mitbrachten. Bei diesen Festen wurden altmodische Kostüme getragen, wobei Utrechter Samt sehr beliebt war. Mein Samtanzug war bei mehr als einer unserer Kostümschauen auf der Brook Farm zu sehen – nur wurde er zur Weihnachtszeit nicht getragen.

Es muss einer der letzten Dezembertage gewesen sein, als Gerrish uns verspätet ein Weihnachtspaket und Weihnachtsbriefe von zu Hause brachte. Das war für Althea und mich der erste Hinweis darauf, dass unser schönster Feiertag vor der Tür stand. Verblüfft merkten wir zu spät, dass der Weihnachtstag vergangen war, ohne dass wir es bemerkt hatten. Es war einfach unglaublich! Wir konnten diesen unfassbaren Zustand nicht begreifen, geschweige denn uns damit abfinden. Unser Problem war jedoch ganz allein unser eigenes. Außer John Cheever hatte niemand sonst Anteil daran. Unsere liebsten Freunde und Gefährten bedauerten höflich, dass wir etwas verpasst hatten, sie wussten nicht, was – und das war alles. Sie hatten keine Ahnung, was Weihnachten für uns bedeutete, genauso wenig wie das Passahfest für Israel.

Unsere Kiste war mit Weihnachtsleckereien gefüllt, Olecokes und Krapfen, Bonbons und Keksen und allen siebenundfünfzig Sorten holländischer Leckereien, die für diese Jahreszeit typisch waren. Und am Silvesterabend machte die gute Frau Rykman diesen Süßigkeitenvorrat zum Mittelpunkt eines improvisierten Festmahls, das zu unserem Wohl und Trost gedacht war. Es war gut gemeint und gut organisiert, und die freundliche Stimmung, die sich zeigte, machte die Enttäuschung, die wir erlebt hatten, teilweise wett. Aber das Weihnachtsfest in diesem Jahr war ein Totalverlust – ein Verlust, den ich bis heute bereue.

Auf der Brook Farm gab es jedoch wenig Gelegenheit, sich Reue zu ergehen, und der Weihnachtsstress musste dringlicheren Interessen weichen. Die Farmer waren in erster Linie Transzendentalisten, das heißt, sie waren Philosophen und neigten nicht zum Murren. Ihre Philosophie kam nicht in öffentlichen Erklärungen zum Ausdruck, sondern in ihrem Leben. Man könnte sie als Philosophie des Hier und Jetzt formulieren.

Hier und Jetzt; vor Ort, mit den Gütern, im Augenblick. Nicht gestern, nicht morgen, sondern heute, diese Stunde, dieser Augenblick ist die festgesetzte Zeit, um mit allem zu leben, was Sie wert sind. Legen Sie Ihr Herz in Ihre Arbeit, genau hier. Widmen Sie Ihren Verstand, Ihre Fähigkeiten, Ihre Energie dem, was Sie gerade in der Hand haben. Respekt für die Vergangenheit, für ihre Traditionen und ihre Erinnerungen ist in Ordnung, aber schauen Sie nie so intensiv zurück, dass Sie nicht sehen, was hier und jetzt vor Ihnen liegt. Hoffnung für die Zukunft ist in Ordnung, aber lassen Sie nicht zu, dass Träume von den kommenden guten Zeiten das klare Verständnis der Realitäten hier und jetzt trüben. Das war die Philosophie der Brook Farmers, nicht in Worten, sondern in Taten dargelegt. Vor Ort zu sein, mit den Gütern im Augenblick – das war ihr Ideal und sie lebten es jeden Tag und den ganzen Tag lang.

Ihre puritanischen Nachbarn bekannten sich zu einer Philosophie des Jenseits, und obwohl sie nicht ständig danach lebten, verkündeten sie diese umso vehementer. Nicht auf das Leben dieser bösen und ermüdenden Welt, sondern auf das Leben der kommenden Welt konzentrierten sich ihre Hoffnungen und vor allem ihre Ängste. Elende Sünder, die in völliger Verderbtheit geboren wurden, konnten ihren kurzen Aufenthalt auf Erden nur dazu nutzen, ihre Seelen zu retten. Sie kasteiten das Fleisch und hielten alle Freuden für töricht, wenn nicht gar gottlos, und verschoben das Glück in die Sphären jenseits des Himmels. Für sie war das Hier nichts und das Jetzt nichts. Das ewige Jenseits war alles. Sie betrachteten das Leben lediglich als Vorbereitung auf den Tod und waren damit dem Standpunkt der Bauern diametral entgegengesetzt, die das Leben als eine Phase der Existenz betrachteten, die man optimal nutzen und mit jedem Atemzug vom ersten bis zum letzten in vollen Zügen genießen sollte. Natürlich betrachteten die frommen Pietisten die fröhlichen Weltmenschen als verloren und hatten keine Hoffnung auf Erlösung. Die gleichen Gefühle, die in der puritanischen Geschichte zu Auspeitschungen, Hinrichtungen und Verfolgungen führten, wurden von den orthodoxen Auserwählten von Roxbury gehegt und in Brook Farmward manchmal mit mürrischer Feindseligkeit zum Ausdruck gebracht. Die jungen Leute aus der Nachbarschaft kamen gern zu unseren Unterhaltungen, aber einige der streng dreinblickenden Ältesten hätten mehr Befriedigung darin gefunden, strenge, altmodische Disziplin anzuwenden, wenn ihre Macht, mit Bösartigen umzugehen , nur so groß gewesen wäre wie damals, als ihre Artgenossen die Massachusetts Bay Colony mit eiserner Faust regierten.

Es waren diese unsere Vergnügungen , die uns die schwersten Verdammmnisse einbrachten. Wir waren Faulpelze, die immer sangen, geigen und tanzten, wenn ehrliche Leute bei der Arbeit waren. Diese Kritik war zum Teil richtig. Wir widmeten der Erholung sicherlich mehr Zeit und Aufmerksamkeit, als es unter Arbeitern üblich war. Die beiden halben Feiertage der Woche waren für Zerstreuungen reserviert. Alle Sorgen und Mühen kamen zu einem völligen Stillstand, und jeder konnte tun, was er oder sie wollte. Normalerweise waren alle gern zusammen, ganz nach Brook Farm-Manier, und jeder beteiligte sich an der Vergnügungstour, die für den Tag anstand.

Nach der Neuorganisation übernahm die Festal Series systematisch die Leitung der Feiertage und es gab immer etwas Lohnendes für den Nachmittag oder Abend oder beides, an dem wir alle gerne teilnahmen und das wir gerne genießen wollten.

Die Brook Farm Association wurde zunächst als Aktiengesellschaft gegründet. Die erklärten Ziele dieser Gesellschaft waren der Betrieb einer Schule, einer Farm, eines Druck- und Verlagsgeschäfts und anderer Leichtindustrien. Der unausgesprochene Zweck war die Durchführung eines sozialen Experiments; ein praktischer Versuch, eine Gemeinschaft zu bilden, die das führt, was wir heute das einfache Leben nennen würden. Im Übrigen bestand die bewusste Absicht, die Möglichkeiten zur Förderung des Glücks optimal zu nutzen. Diese aufgeweckten, intelligenten, kultivierten jungen Leute hatten sich vorgenommen, eine gesunde, vernünftige und freudige Zeit auf der Welt zu verbringen, und sie waren in diesem Bestreben zweifellos wunderbar erfolgreich. Ich kann ehrlich sagen, dass ich nirgendwo eine Gesellschaft gekannt habe, die diese irdische Existenz gründlicher genossen hat als diese Brook Farmers. Sie glaubten, dass der liebe Gott dieses Leben schön und harmonisch haben wollte, und sie machten sich in gutem Glauben daran, es der göttlichen Idee anzupassen. Sie waren sozusagen aus Prinzip glücklich . Zu diesem Zweck zeigten sie konsequent den Wert guter Laune, guter Kameradschaft und guter Unterhaltung. Erholung und Vergnügen waren ebenso Teil ihres Programms wie die Bodenbearbeitung, der Schulunterricht oder die Haushaltsführung. Jeden Morgen aufzuwachen und sich darauf zu freuen, einen aktiven, interessanten und freudigen Tag zu beginnen, ohne einen Gedanken an Sorgen – das war ihr Ideal, und wie ihre anderen Ideale wurde auch dieses mehr oder weniger verwirklicht.

Unsere Kritiker waren der Meinung, wir hätten kein moralisches Recht, einen ganzen Tag pro Woche nur für Spaß zu opfern. Das hätte vielleicht zutreffen können, wenn wir versucht hätten, reich zu werden, aber reich zu werden war nicht das erste Ziel, das wir in Betracht zogen. Andere Dinge kamen vor dem Streben nach Reichtum, aber im Wettbewerb mit denen, die schlecht über unsere Lebensweise dachten, schlugen wir sie alle in Stücke. Auf den Märkten in Boston waren die Produkte von Brook Farm sehr gefragt und wurden schneller zu besseren Preisen verkauft, als die Bauern und Gärtner in West Roxbury erzielen konnten. Sie schickten Kartoffeln auf dem Boden eines Wagens, Äpfel in einer Seifenkiste, Beeren in einem verbeulten Blecheimer und Butter in einem alten, rissigen Topf; nichts davon war besonders sauber. Unsere Mädchen packten unsere Gartensachen in ordentliche, regelmäßige Pakete. Die Qualität der Obstgärten und der landwirtschaftlichen und Milchprodukte war ausnahmslos die beste; und alles war so frisch wie möglich und sah ordentlich und ansprechend aus. Ich wage zu behaupten, dass wir in fünf Tagen mehr Geld aus einem Morgen Land machten als jeder unserer Nachbarn in sechs. Vielleicht war das ein weiterer Grund, warum sie uns nicht mochten.

KAPITEL IX.
FOURIER UND DIE BAUERN

In der Sprache der Zeit waren die Bauern Sozialisten, aber der Sozialismus von 1840-50 war ein ganz anderes Konzept als der Sozialismus von heute. Die früheren Sozialisten waren nicht in der Politik tätig. Politisch gesehen hatten sie keine Partei und interessierten sich nur entfernt und indirekt für politische Angelegenheiten. Sie wollten die Welt reformieren, die Zivilisation auf wissenschaftlicher Grundlage neu aufbauen. Das war, was Präsident Lincoln als große Aufgabe bezeichnete. Doch Glaube versetzt Berge, und die Sozialisten hatten zweifellos Glauben. Ihr Ziel war zwar weitreichend, aber letztlich beruhte es auf einer sehr einfachen Grundlage. Auf einen Syllogismus reduziert, könnte man es wie folgt ausdrücken: Hauptprämisse: Jeder Mensch wünscht sich Glück. Nebenprämisse: Der Sozialismus sorgt für das Glück jedes Menschen. Schlussfolgerung: Beweisen Sie diese Wahrheit, und jeder Mensch wird ein Sozialist. QED

Die Sozialisten wurden zunächst Fourieriten genannt , aber dieser ziemlich lange Titel wich sehr bald dem hier verwendeten, praktischeren Wort. Die Wissenschaft des richtigen Lebens wurde von Charles Fourier entwickelt, einem französischen Gelehrten, der sein Leben den humanitären Studien widmete. Sein grundlegender Gedanke war, dass der Schöpfer und Herrscher des Universums ein einziges Gesetz erlassen hat, ein Edikt des göttlichen Willens, eine allumfassende Ordnung, die alles, was ist, regelt und kontrolliert. Dies ist das Gesetz der Serie. Die Sterne bewegen sich auf ihren Bahnen in serieller Ordnung, und die Blätter, die die Bäume bedecken, gehorchen demselben kosmischen Code. Fouriers erstes Axiom war: Die Serie verteilt die Harmonien. Das heißt, die Wirkung des Gesetzes der Serie bringt harmonische Ergebnisse hervor. Die Sterne durchlaufen gelassen ihre richtigen Umlaufbahnen und beeinflussen sich gegenseitig in einem perfekten Gleichgewicht harmonischer Beziehungen. Die Blätter sprießen an den Zweigen in einer seriellen Ordnung, die jedem seinen Anteil an Sonne und Regen gibt. Um ihre höchste Entwicklung zu erreichen, muss die menschliche Gesellschaft gemäß dem göttlichen Gesetz der Serie in harmonische Beziehungen mit den Sternen, mit den Blättern und mit allem, was im Universum existiert, treten. Zu diesem Zweck muss die Gesellschaft in der Ordnung der Serie neu aufgebaut werden.

Arbeitsorganisation

Arbeit ist der wichtigste Faktor menschlicher Angelegenheiten. Durch Arbeit soll die Menschheit die Erde unterwerfen, damit sie unser Erbe wird. Dies ist der erste Befehl mit einem Versprechen in der Bibel. Um den göttlichen Zweck zu erfüllen, muss die Arbeit dem göttlichen Gesetz unterworfen werden, dem Gesetz der Reihe.

Unorganisierte Arbeiterschaft kann sich die Erde nicht untertan machen, denn sie ist geplagt durch Verschwendung, Verlust, abstoßende und gefährliche Aufgaben, fruchtlose Plackerei, Klassenfeindseligkeiten, sich bekriegende Gemeinschaften, das Monopol auf Gewinne und die tausend Strafen, die ungeordneter Widerstand gegen das Gesetz mit sich bringt.

Die Arbeitsorganisation wird attraktive Industrien und harmonische Gemeinschaften hervorbringen und eine gerechte Verteilung der Gewinne sowie den durch gegenseitige Garantien gebotenen Schutz gewährleisten.

Diese Gemeinschaften werden Fouriers zweites Axiom veranschaulichen. Die Anziehungskraft ist dem Schicksal angemessen . Jedes Wesen, das in diese Welt geboren wird, hat einen Platz in der Arbeit zur Unterwerfung der Erde, der seinen Fähigkeiten und seinem Geschmack entspricht. In der organisierten Gemeinschaft wird ihm dieser Platz offen stehen. Er wird von den Branchen angezogen, in denen er seine beste Arbeit leisten kann.

Die Reihe verteilt die Harmonien, und unter dem Gesetz werden Gemeinschaften durch natürliche Anziehung zusammengeführt. Das Gesetz stellt harmonische Beziehungen sicher, und es wird keine Konkurrenz, keine Monopole, keinen Zusammenprall gegensätzlicher Kräfte geben. Das Wohlergehen jedes Einzelnen wird mit dem Wohlergehen aller gleichgesetzt. Die Gemeinschaft der organisierten Arbeiter, die zusammenleben und in attraktiven Industrien zusammenarbeiten, wird eine solide Phalanx vereinter Interessen sein. Die Phalanx wird von der Geburt bis zum Tod die Verantwortung für das Wohlergehen jedes einzelnen Mitglieds übernehmen. Die Bereitstellung gegenseitiger Garantien wird jedem ein gutes Zuhause, ein gutes Leben, eine gute Ausbildung für die Jugend, eine gute Pflege für die Alten und gute Arbeits- und Erholungsmöglichkeiten während des gesamten Lebens garantieren. Jeder wird vollkommen frei sein, jenen angenehmen Beschäftigungen nachzugehen, deren Reize seinem Schicksal angemessen sind. Die endgültige Vollendung, wie sie Fourier in seinem dritten Axiom verkündet, wird die Einheit des Menschen mit Gott, mit dem Menschen und mit der Natur sein.

Der Apostel des Fourierismus in Amerika war Albert Brisbane. Von Natur aus ein Humanist und durch ernsthaftes Studium ein profunder Gelehrter, erkannte er einen wahren Kern in der Theorie der Transzendentalisten, dass die Menschheit unter Übeln leidet, die, wenn sie nicht behoben werden, in einer Katastrophe enden müssen. Das Heilmittel fand er im Sozialismus. Während seines Aufenthalts in Frankreich geriet er unter den persönlichen Einfluss von Charles Fourier und gehörte zum Kreis der Bekehrten, die sich um den Begründer des Sozialismus versammelten – nicht des politischen

Sozialismus von heute, sei es noch einmal gesagt, sondern des Sozialismus von 1840, der sich der Neuorganisation der zivilisierten Gesellschaft auf wissenschaftlicher Grundlage widmete, der Neugestaltung menschlicher Institutionen unter der universellen seriellen Ordnung.

Nach seiner Rückkehr nach Hause etablierte Mr. Brisbane eine sozialistische Propaganda, die zehn Jahre oder länger großen Einfluss auf die öffentliche Meinung dieses Landes ausübte und ein intensives Interesse an der sozialistischen Bewegung weckte. Er übersetzte die Werke von Fourier und veröffentlichte sie auf eigene Kosten. Er hatte eine Kolumne in Horace Greeleys *Tribune* , in der er die neuen Lehren darlegte und seinen Anhängern praktische Anweisungen gab. Als eloquenter und überzeugender Redner hielt er ständig im ganzen Land Vorträge, gründete sozialistische Clubs und Gesellschaften und bekehrte Menschen, mit denen er einen regen Briefwechsel unterhielt. Bei Flut schätzte er, dass die Zahl der Sozialisten in den Vereinigten Staaten mehr als 200.000 betrug. Ich glaube, die Aufzeichnungen zeigen 42 Gemeinden, die während des oben genannten Jahrzehnts nach dem sozialistischen Plan organisiert wurden. Es gab zwei im Staat New York , zwei in Pennsylvania, zwei in Ohio, zwei in New Jersey und zwei in Massachusetts, nämlich Hopedale und Brook Farm.

Natürlich kam Mr. Brisbane nach Brook Farm. Ich erinnere mich an ihn als einen großen, eher schlanken jungen Mann, etwas nach vorn gebeugt, wachsam und impulsiv im Auftreten, mit schnellen Gesten und Reden und einem charmanten Redner. Voller Enthusiasmus, stolz auf die große Sache, für die er stand, aufopfernd und sich ganz der Erlösung der Menschheit widmend, bekehrte er die Farmer zu den Fourier- Theorien und veranlasste sie, diese Theorien in tatsächlichen Experimenten zu testen. Minot Pratt und ein oder zwei andere Skeptiker verließen die Vereinigung, aber die übrigen Mitglieder stimmten einstimmig für eine Neuorganisation als Fourier-Phalanx.

Als dies erreicht war, machte Mr. Brisbane Brook Farm zu einer Art Hauptquartier für die sozialistische Propaganda und engagierte mehrere Mitglieder als Dozenten und Lehrer für Geisteswissenschaften. *Der Harbinger* wurde als Fourier- Organ in diesem Land gegründet. Dr. Ripley und Mr. Dana waren die Herausgeber, und es war eine Veröffentlichung von Brook Farm. Es gab jedoch sehr wenig Neuigkeiten von Brook Farm in seinen Spalten und keine Werbung. Neben der Darlegung der sozialistischen Doktrin gab es Buchrezensionen, Musiknoten und Belletristik, wobei der wichtigste Roman George Sands' „Consuelo" war, der von Francis George Shaw für die Zeitung übersetzt wurde. *Der Harbinger* zahlte nie Spesen, und die Herausgeber und Mitarbeiter stellten ihre Dienste zur Unterstützung der Sache zur Verfügung, für die er eintrat. Zu denen, die für die Zeitschrift schrieben, gehörten Ralph Waldo Emerson, Albert Brisbane, Wm. H. Channing, Elizabeth Peabody und Margaret Fuller.

Obwohl Elizabeth Peabody kein Mitglied der Vereinigung war, war sie sehr an ihrer Arbeit und ihrem Wohlergehen interessiert. In einem ihrer Beiträge für *The Dial*, das Organ der Transzendentalisten, schrieb sie unter anderem Folgendes: „Es gibt Männer und Frauen, die es wagten, einander zu sagen: ‚Warum richten wir unser tägliches Leben nicht nach Christi eigenen Vorstellungen aus? Warum beginnen wir nicht damit, den Berg der Gewohnheiten und Konventionen zu versetzen?‘ Um ein religiöses und moralisches Leben zu führen, halten sie es für notwendig, sich bis zu einem gewissen Grad von der Welt abzuwenden und eine Gütergemeinschaft zu bilden, die Konkurrenz und die üblichen Handelsregeln ausschließt, während sie gleichzeitig genügend Privateigentum für alle Zwecke der Unabhängigkeit und Abschottung nach Belieben bewahrt. Sie machen die Landwirtschaft zur Grundlage ihres Lebens, da sie in Bezug zur Natur die direkteste und einfachste ist. Ein wahres Leben, obwohl es über die Sterne hinaus zielt, duftet nach gesunder Erde. Der Duft des Klees liegt in der Luft. Das Brüllen des Viehs ist der natürliche Bass zur Melodie menschlicher Stimmen.“

Miss Peabody war eine der Freundinnen der Kinder auf der Farm. Sie interessierte sich sehr für die Schule und wenn sie uns etwas zu sagen hatte, versammelten sich alle Klassen und hörten ihren sachdienlichen Worten mit eifriger Aufmerksamkeit zu. Das kann ich von ihrer Kollegin Margaret Fuller nicht behaupten. Ihre Monologe im Salon des Hive erregten nicht die Aufmerksamkeit, die sie offenbar verdiente, und ich fürchte, ihre Erfahrungen auf der Farm waren für sie insgesamt eher enttäuschend. Sie bewohnte ein Zimmer in dem Cottage und ich habe gehört, dass das kleine Haus seitdem Margaret Fuller Cottage genannt wurde, aber in den frühen Tagen kam niemand auf die Idee, es so zu nennen.

Dieser Bericht über die Eindrücke eines Jungen soll nicht so verstanden werden, als würde er die strahlende Erinnerung an Margaret Fuller schmälern. Während ihres Lebens in treuem Dienst wurde sie von allen Brook Farmers und den Freunden der Gemeinschaft hoch geachtet und geschätzt, und ihr tragischer Tod war für alle, die ihren Wert kannten, eine Quelle tiefer und aufrichtiger Trauer. Nach der Auflösung der Gemeinschaft ging sie nach Italien und heiratete dort glücklich den Grafen d'Ossoli . Als sie mit Mann und Kind, einer glücklichen Ehefrau und stolzen Mutter, nach Amerika zurückkehrte, strandete das Schiff, auf dem sie Passagiere waren, vor Fire Island und alle an Bord ertranken. Fast in Sichtweite ihres Zuhauses und fast in Reichweite von Hilfe vom Ufer kamen Margaret Fuller und ihre Lieben gemeinsam um. Damals gab es noch keinen Rettungsdienst, und die

Wachen am Strand hatten keine Möglichkeit, die Reisenden zu retten, die kurz vor dem Ende ihrer Reise ums Leben kamen.

Als die Brook Farm Association zur Brook Farm Phalanx wurde, wurden die Industrien des Ortes in fortlaufender Reihenfolge organisiert. Die Bodenbearbeitung wurde von der Landwirtschaftsgruppe durchgeführt, wobei Spezialarbeiten verschiedenen Gruppen zugewiesen wurden, wie der Landwirtschaftsgruppe, der Obstgartengruppe, der Gartengruppe usw. Die Haushaltsangelegenheiten wurden von der Haushaltsgruppe geleitet, die aus der Küchengruppe, der Wäschereigruppe, der Kellnergruppe – einer sehr lustigen Gruppe, diese und zwei oder drei anderen bestand. Die Fertigungsserie leitete die Arbeit der Gewerbe; und die Festserie war für Freizeitgestaltung und Unterhaltung zuständig. Die letztgenannte Serie hatte Attraktionen, die dem Schicksal jedes Mitglieds jeder Gruppe in der Industrieorganisation entsprachen, und ihren Funktionen wurde bewusst viel Sorgfalt und Aufmerksamkeit gewidmet. Sechs Tage lang arbeiteten wir und erledigten alle unsere Aufgaben und machten sie gut. Wir arbeiteten nicht jeden Tag die gleiche Anzahl Stunden, sondern nahmen uns jede Woche zwei halbe Feiertage, um uns unter der Leitung der Festserie königlich zu amüsieren.

Niemand war einer der spezialisierten Gruppen streng zugeordnet, sondern in der Regel fand jeder seinen richtigen Platz und ging dort streng seinen Geschäften nach; im Bedarfsfall wurde jedoch ein Notruf abgesetzt. In der Pflanz- und Erntezeit konnten wir beispielsweise fünfzig Arbeiter aufs Feld schicken, oder bei Bedarf auch mehr. Die Landwirtschaft war unser Hauptinteresse, und die Landwirtschaft wurde zu einem sehr attraktiven Wirtschaftszweig, wenn Kartoffeln schnell in die Erde gebracht oder Heu schnell in die Scheunen gebracht werden musste.

Im Großen und Ganzen kann man mit Recht sagen, dass die serielle Ordnung in der Landwirtschaft, mit der ich am besten vertraut war, hervorragend funktionierte, und das praktische Experiment der industriellen Organisation war, was die Erledigung der Arbeit anging, äußerst erfolgreich. Über Gewinn und Verlust bin ich nicht informiert.

Die Landwirtschaft ist die Grundlage für den Lebensunterhalt der Menschheitsfamilie und wird auch in der neuen Weltordnung die Grundlage bleiben. Die Organisation der Arbeit in der Landwirtschaft wird es erforderlich machen, dass die Arbeiter in Gemeinschaften zusammenkommen, wobei sich jede Nachbarschaft zusammenschließt, um an einem geeigneten zentralen Ort zu wohnen. In diesem zentralen Zuhause wird diese organisierte Gemeinschaft alle Probleme des isolierten Haushalts lösen, indem die häuslichen Angelegenheiten in der wissenschaftlichen Ordnung der Reihe geführt werden. Eine solche Gemeinschaft wird eine

Phalanx sein, und die Phalanx wird die Einheit der organisierten Gesellschaft sein.

Fourier sah viele Erfindungen voraus, unter anderem mechanische Geräte, die Handarbeit im Haushalt ersetzen würden. Die harten und unangenehmen Aufgaben, die heute den Bediensteten übertragen werden, würden in der Phalanx in großem Maßstab von Maschinen erledigt werden.

Auf der Brook Farm gab es keine Bediensteten. Jeder diente, aber niemand wurde als Diener eingestellt. Die Plackerei im Haushalt wurde auf das praktisch notwendige Minimum reduziert. Wir lebten nicht vom Fett des Landes, und das machte einen wunderbaren Unterschied bei der Küchenarbeit – zumindest am Anfang. Später mussten wir Landarbeiter und Handwerker einstellen, und da sie Fleisch für starke Männer brauchten, wurde es notwendig, dass die fettige Joan den Topf kippte, und Joan wurde zu diesem Zweck importiert.

Unsere einfache Kost – sie war wirklich sehr einfach – sorgte bei unseren Freunden für viel Gesprächsstoff. Sie hatten Angst, wir würden verhungern, aber das taten wir nicht. Uns ging es allen prächtig, wir waren in bester Verfassung und bester Laune. Die wenigen Krankheitsfälle hier wurden bis zum Ausbruch der Seuche alle von woanders hergebracht – und auch diese hatten wir von außerhalb unserer gesunden Grenzen hergebracht oder wurden uns möglicherweise dorthin geschickt.

Insgesamt war das Brook Farm-Experiment aus sozialer Sicht ein überaus erfolgreicher Prozess. Wir waren glücklich, zufrieden, wohlhabend und sorgenfrei; wir leisteten großartige Arbeit in der Welt, waren enthusiastisch und treu, wir genossen jeden Moment jedes Tages und wurden jeden Moment jedes Tages vom Geist der Brook Farm beherrscht.

KAPITEL X. BIS
ZUM LETZTEN

Zu meiner Zeit gab es auf Brook Farm zwei Beerdigungen, und ich glaube, danach gab es keine mehr. Eine junge Frau namens Williams kam mit beginnender Tuberkulose dorthin, und nachdem sie mehrere Monate lang liebevoll gepflegt und es ihr so angenehm wie möglich gemacht worden war, entschlief sie friedlich. Dies war der einzige Todesfall. Die Verstorbene wurde mit einfachen, aber eindrucksvollen Zeremonien in einer ruhigen Ecke am anderen Ende des Kiefernwalds beerdigt. Dies war der abgeschiedene Ort, an dem die Mitglieder der Gemeinde nach Beendigung ihrer Arbeit in dieser Welt begraben zu werden erwarteten. Diese Erwartung erfüllte sich nicht. Die Brook Farmers haben sich fast alle der Gemeinde des Jenseits angeschlossen, aber sie sind in allen vier Himmelsrichtungen begraben . Das Denkmal von Theodore Parker wird von Touristen in Italien besucht. Captain John Steel machte seine letzte Reise zum Hafen von Hongkong. John S. Dwight liegt in Mount Vernon, Dr. und Mrs. Ripley in Greenwood. Das junge Paar, das nach Kalifornien ging, kam nie zurück und wird es nie tun. Robert Shaw fiel bei Fort Sumter und teilt sich mit seinen Männern einen Platz in den Schützengräben. und die Schlachtfelder des Südens bergen alle sterblichen Überreste der drei anderen. Keiner von ihnen fand unter dem Rasen von Brook Farm endgültigen Schutz.

Als Rev. John Allen sein Pfarramt aufgab, um Mitglied unserer Gemeinde zu werden, war er eine Zeit lang durch die Krankheit seiner Frau daran gehindert. Als sie starb, brachte er ihre sterblichen Überreste zur Beerdigung auf den kleinen Friedhof zwischen den Kiefern. Dies war die zweite Beerdigung, der ich beiwohnte, und ich glaube, es gab während der Existenz der Gemeinde keine weiteren.

Vor einigen Jahren besuchte ich den alten Ort mit Dr. Codman, und neben den anderen Orten, an die ich mich gut erinnere, suchten wir den Ort auf, an dem wir in unserer Kindheit zwei Beerdigungen beiwohnten, aber die Erinnerungsstücke an diese beiden Anlässe waren nicht zu finden. Während des Aufstandskrieges wurde Brook Farm als Genesungslager genutzt, und viele Kranke und Verwundete wurden dort auf Befehl des Generals, dem wir alle Folge leisten mussten, zusammengerufen. Unter den zahllosen Soldatengräbern war es unmöglich, die beiden Grabhügel zu identifizieren, nach denen wir suchten.

Wie bereits erwähnt, waren mehrere Mitglieder der Phalanx als Vortragsredner tätig, um die sozialistische Bewegung voranzutreiben. Die Kosten für diese Propaganda und die Veröffentlichung des *Harbinger*, des sozialistischen Organs, müssen eine Belastung für die knappen Mittel der

Gemeinde gewesen sein, aber Opfer für die große Sache zu bringen, entsprach ganz dem Geist von Brook Farm, und soweit ich weiß, wurde diese Last mit Freude getragen. Der Reverend John Allen war einer von denen, die sich dieser Bildungsarbeit widmeten, und widmete ihr einen Großteil seiner Zeit. Er widmete sich liebevoll seinem mutterlosen Kind, einem bezaubernden kleinen Mädchen von vielleicht vier Jahren, und wenn die Umstände es erlaubten, nahm er sie auf seine Vortragsreisen mit . Eines Abends kam er unerwartet nach Hause, brachte das Kind mit, da es sich nicht wohl fühlte, und ließ es in Mrs. Rykemans Obhut. Das Baby und ich waren enge Freunde, und am nächsten Tag, als sie in Mrs. Rykemans Zimmer eingesperrt war, verbrachte ich den Nachmittag damit, sie zu unterhalten. Gegen Abend wurde ein Arzt aus Brookline gerufen, da sie offensichtlich sehr krank war. Der Arzt untersuchte die Kleine und verkündete das schreckliche Urteil, dass wir es mit einem Fall von virulenten Pocken zu tun hätten.

Das war der Anfang vom Ende. Da Frau Rykeman und ich der Ansteckungsgefahr ausgesetzt waren, wurden wir in ihren Räumen unter Quarantäne gestellt und alle Vorkehrungen getroffen, um die Ausbreitung der Krankheit zu verhindern. Weder Frau Rykeman noch ich zeigten auch nur ein einziges Symptom der Krankheit, aber bald darauf traten weitere Fälle auf, einer nach dem anderen, und während der nächsten Monate wütete die Geißel in der Gemeinde.

Dank der robusten Gesundheit unseres Volkes war die Invasion dieses Feindes der Menschheit – und die Pocken waren damals ein schrecklicher Feind – zweifellos nicht direkt verheerend. Das Baby war das einzige, das ernsthaft erkrankte, und es erholte sich rasch, wie auch alle anderen, die infiziert wurden. Vom ersten bis zum letzten Fall gab es nicht mehr als ein Dutzend Fälle, und keiner litt mehr als nur Unannehmlichkeiten, und keiner hatte ein Loch oder einen Fleck, wie ihn die Pocken bei ihren Opfern hinterlassen.

Nach dem ersten Schock der Überraschung und des Schreckens wurde das Leiden ohne Murren ertragen. Es war eine harte Prüfung und wir alle wussten es, aber sie wurde mit Mut und Gleichmut ertragen, so wie alle Prüfungen und Härten von dieser hochbeseelten Gesellschaft ertragen wurden, die vom wahren Geist der Brook Farm durchdrungen war.

Selten waren mehr als zwei oder drei gleichzeitig auf der Krankenliste – diese kümmerten sich übrigens normalerweise um sich selbst oder um einander – und der Rest von uns ging seinen alltäglichen Angelegenheiten nach, als wäre alles in Ordnung. Es gab keine Abgeschiedenheit mehr und Arbeit und Studium wurden bald wieder in gewohnter Weise aufgenommen.

Wir waren jedoch von der Kommunikation mit der Außenwelt abgeschnitten. Gerrish ließ die Post und andere Dinge an der Brücke zurück, nahm aber nichts mit, da wir nichts von hier wegschicken durften. Niemand konnte den Bach von unserer Seite aus überqueren, und niemand kam von der anderen Seite zu uns. Das war ein schweres Unglück, aber es war nicht das Schlimmste.

Die Pocken haben die Schule zerstört.

Mehrere der älteren Schüler flohen beim ersten Alarm, bevor wir eingesperrt wurden, und sie kamen nicht zurück. Es kamen keine anderen, um die frei gewordenen Plätze einzunehmen, und bald darauf wurden die höheren Klassen suspendiert. Am Ende des Schuljahrs wurde die Brook Farm School endgültig geschlossen.

Dies war der zweite Schritt zur endgültigen Auflösung der Gemeinschaft. Wie der erste wurde uns auch dieser Schritt aufgezwungen, als eine der Folgen der Heimkehr von Mr. Allens kranker Tochter.

Wie konnte dieses arme, unschuldige kleine Opfer so leiden? Niemand hat es je erfahren. Sie war der Liebling ihres Vaters und er wachte mit größter Sorgfalt über sie. Er musste sie während der Vorlesungszeiten allein lassen, aber immer in Obhut vertrauenswürdiger Freunde. Zu keinem Zeitpunkt, soviel er feststellen konnte, war sie in Gefahr einer Ansteckung. Natürlich könnte diese Gefahr ohne sein Wissen entstanden sein, aber es wäre auch möglich, dass die Plage durch ihre Infektion in böswilliger Absicht über uns gekommen sein könnte.

Wir wussten, dass die alten Puritaner von Roxbury uns gegenüber verbittert waren. Sie hassten uns und nutzten die Gelegenheit, uns auf viele gemeine Arten zu ärgern und zu verletzen. Diese nachbarschaftlichen Aufmerksamkeiten wurden kaum beachtet, und höchstwahrscheinlich hätte man die Sache nicht mit den Pocken in Verbindung gebracht, wenn das alles gewesen wäre, woran wir zu leiden hatten, aber das war nicht der Fall.

Als drei mysteriöse Brände nacheinander ausbrachen und die drei Haupthäuser des Anwesens, Pilgrim Hall, Eyrie und Phalanstery , zerstörten , war es unmöglich, den Ursprung eines dieser Brände zu erklären. Dann rief die Erinnerung unweigerlich Manifestationen der Feindseligkeit in Erinnerung, die mit absoluter Sicherheit erklärt werden konnten.

Pilgrim Hall war der Hauptschlafsaal für die Schüler, ein schlichtes, aber solides Gebäude, das erste, das für Schulzwecke errichtet wurde. Das Phalanstery sollte das Zuhause der Phalanx werden. Es war ein verhältnismäßig großes und teures Holzgebäude mit öffentlichen Räumen im Erdgeschoss und Unterkünften für etwa 150 Personen im ersten und dritten Stock. Der Bau des Phalanstery war die größte Aufgabe der

Gemeinde und beanspruchte alle verfügbaren Mittel bis zum letzten Dollar. Als es fast fertig war, wurde es angezündet und zu Asche verbrannt. Dieser letzte Verlust führte zum Bankrott von Brook Farm. Es war kein Geld mehr übrig, um weiterzumachen, und die sozialistische Organisation in West Roxbury musste aufgegeben werden. Das Fourierit- Experiment war ein Fehlschlag. Das freudige Leben der glücklichen Gefährten, die einander so lieb geworden waren, war zu Ende. Die sympathische Gesellschaft, die durch so enge Bande vereint war, wurde aufgelöst. Die liebevollen Brüder und Schwestern verabschiedeten sich von ihren vertrauten Freunden und ihrem sonnigen Zuhause und gingen ihrer weit voneinander entfernten Wege, von denen sich nur wenige je wiedersehen sollten.

Das Scheitern von Brook Farm wurde zu Recht einer Reihe unerklärlicher Katastrophen zugeschrieben. Das stimmte hinsichtlich der direkten Ursachen, aber heute scheint es offensichtlich, dass die sozialistische Bewegung unmöglich zum endgültigen Erfolg geführt werden konnte. Die Welt war nicht bereit, Fouriers Theorien so weit zu akzeptieren, dass sie die Zivilisation aufgab und ein einfaches Leben führte. Die Ära des Millenniums war noch nicht angebrochen. Diese Ära ist übrigens noch nicht angebrochen, und während es Enthusiasten gibt, die uns versichern, dass der Anbruch des glorreichen Morgens fast in Sicht ist, sind wir anderen nicht ganz in der Lage, ihn zu sehen. Es gibt nicht mehr viele Sozialisten von 1840, aber die wenigen von uns, die in jenen späteren Tagen noch lebten, haben kein großes Interesse an den heute gängigen sozialistischen Dogmen. Nichtsdestotrotz pflegen wir, die wir auf den Sozialismus der frühen Zeiten zurückblicken können, die Erinnerungen an Brook Farm immer noch als eine der schönsten, die diese Erde zu bieten hat.

www.ingramcontent.com/pod-product-compliance
Lightning Source LLC
Chambersburg PA
CBHW051453140726
47987CB00006B/2680